新时代高等职业教育改革及质量提升策略研究

卜慧敏 ◎ 著

吉林出版集团股份有限公司

图书在版编目（CIP）数据

新时代高等职业教育改革及质量提升策略研究 / 卜
慧敏著. -- 长春：吉林出版集团股份有限公司，2022.9
ISBN 978-7-5731-2322-0

Ⅰ. ①新… Ⅱ. ①卜… Ⅲ. ①高等职业教育—教育改
革—研究—中国 Ⅳ. ①G719.21

中国版本图书馆 CIP 数据核字（2022）第 179383 号

新时代高等职业教育改革及质量提升策略研究

著　　者	卜慧敏
责任编辑	王　平
封面设计	林　吉
开　　本	787mm×1092mm　　1/16
字　　数	220 千
印　　张	10
版　　次	2022 年 9 月第 1 版
印　　次	2022 年 9 月第 1 次印刷
出版发行	吉林出版集团股份有限公司
电　　话	总编办：010-63109269
	发行部：010-63109269
印　　刷	廊坊市广阳区九洲印刷厂

ISBN 978-7-5731-2322-0　　　　　　　　　　定价：68.00 元

前　言

当前，社会经济的加速变革推进了新技术、新组织、新业态等向生产生活的广泛应用。高等职业教育作为与经济社会联系最为紧密的教育类型，需要积极开拓创新。本书首先论述了高等职业教育发展的新时代背景。然后分析了职业教育发展的新趋向：探究新职业能力观，推进职业教育与普通教育融合，加快了对接的国际标准。最后提出了中国高等职业教育发展的新路径：重新定位高等职业教育人才培养规格，调整优化高职类专业设置和结构，主动参与行业终身教育体系构建，积极构建产教深度融合机制，深入拓展高等职业教育国际交流与合作。

随着新一代信息技术的发展和渗透应用，新职业岗位对人才的素质和能力提出了更高的要求，传统职业能力观受到了极大挑战。为了与经济发展及产业结构相符合，新职业能力观要求技术技能人才以信息化运用为基础能力，注重适应生产方式创新与技术工具革新，知识技能从满足单一具体岗位转向由多岗位组成的职业群或职业面，要求技术技能人才具有收集、整理、使用信息技术的能力，自我学习与管理的能力、自主创新创业的能力、以及跨文化沟通能力等综合能力。

积极构建学习型社会为职业教育发展提供了更广阔的舞台。当前，普通教育职业化与职业教育普通化成为教育发展的一个重要趋势，因此，全面促进普通教育与职业教育"互联互通"，建立健全职业教育与普通教育的融合机制，显得尤为迫切。具体实现途径为：高等职业教育层次上移，架设职业教育"立交桥"，构建职业教育本硕博学位制度，推进社区教育，强化在职人员的职业教育与培训。

为了提升本书的学术性与严谨性，在撰写过程中，笔者参阅了大量的文献资料，引用了诸多专家学者的研究成果，因篇幅有限，不能一一列举，在此一并表示最诚挚的感谢。由于时间仓促，加之笔者水平有限，在撰写过程中难免出现不足的地方，希望各位读者不吝赐教，提出宝贵的意见，以便笔者在今后的创作中加以改进。

目　录

第一章　新时代高等职业教育概述

第一节　高等职业教育的产生和发展

一、职业教育及其发展

职业教育是经济发展、科技进步的必然产物，它的产生和发展可以追溯到 18 世纪中后期。18 世纪中后期，西欧发生了工业革命，起初是简单的协作，之后逐步出现了工场手工业。工场手工业促进了企业内部的分工，加速并扩大了生产过程的社会化。19 世纪后期，蒸汽机代替了手工劳动，社会化大生产进入了机器大工业生产阶段，生产方式发生了重大变革。机器大工业生产需要大量会使用生产工具的熟练工人和技术人员，职业教育应运而生。

17 世纪英国资产阶级革命胜利后，欧洲进入了资本主义自由竞争时期，资本主义工商业得到了迅速发展。这个时期，除了古典中学外，还出现了为资产阶级子弟开设的实科中学和工艺学校，这些学校注重传授现代科学和自然科学知识，培养从事职业和技术的人才。在 17 世纪，英国许多人士，包括著名诗人密尔顿，提出了应该创办资产阶级所需要的实科学校的要求。当时为资产阶级子弟设立的中学里都注意实科教学。法国在 17 世纪初期，"圣乐会"已开办了 50 多所中学，这些中学是适应大资产阶级的需要产生的，学校的课程具有实科的方向。俄国于 1701 年，在莫斯科开办了"数学航海学校"。这所学校的教学包括数学、天文学、地理常识和一些专门学科，如测量学、航海学等等。学校没有规定修业期限，学生按照自己掌握一门学科的程度，个别地转学另一门学科。因此，学生是根据个人成绩，有时也是依照各部门的需要，在不同时期里从学校毕业，派往新兴工业的各个部门去工作。在俄国，还设立过"外科医学校"、"工程学校""矿业学校"和"算术学校"。这些学校的特点是把普通教育跟专业训练结合起来。德国于 1708 年，由席姆勒创办了"数学力学经济学实科中学"，讲授数学、物理学、力学、自然、天文学、地理、法律学、绘画、制图等课程；在数学方法上广泛应用了图表、标本、模型等直观教具。1747 年，赫克在柏林开办了"经济学数学实科中学"，设数学、几何、建筑、地理、物理、商品制造、贸易、经济等8个班。学生先接受数学训练，然后根据自己的志愿选读任何一班，接受专门职业训练。这就是世界上第一批实科中学和工艺学校，这类学校就是职业学校的开端。工业革命以后，大机器生产需要工人掌握一定的科学文化知识，到了18世纪末至19世纪中叶，欧洲主要的资本主义国家逐步建立了各级职业学校。职业学校的产生和发展对生产力的提高起着显著的促进作用，仅以德国职业学校的发展对生产所起的作用为例，19世纪20年代，英国的工业生产占全世界的50%，法国占15%~20%，相形之下，德国是落后的。在1820年，生铁一项，英国年产37万吨，法国年产11万吨，德国只有4万吨。法国在1831年有31公里铁路，1835年英国有470公里铁路，而德国在1835年才有8公里铁路。法国在巴黎博览会上展出了技术高超的工艺品。德国人由此得出结论：只有加强职业教育，才能在尽可能短的时间里，增加国家财源，赶上英法先进国家。为此，德国在1860年至1880年间把所有工艺学校和旧式学校都改建为各种专业的高级职业学校，并且实行强迫职业教育制度。职业学校的发展有力地促进了工业的发展，在1874年至1890年间，英国工业生产平均增长1.7%，法国为2.1%，而德国达到3.5%；在1891年至1900年间，英国和法国的工业生产平均年增长仍为1.6%和2.6%，而德国却提高到4.8%。

进入20世纪后，职业教育对经济发展的促进作用更为明显。资源严重贫乏的日本在第二次世界大战后非常注重各种层次的人才培养，尤其注重职业技术教育和岗位培训，大大提高了从业人员的整体素质，使日本在第二次世界大战后短短的几十年内，克服种种困难，奇迹般地在战争的废墟上，建立起了世界经济强国。西方发达国家的职业技术教育大体上经过了以下两个发展阶段：

（1）大机器生产的出现，使以学校为组织形式的技术教育取代了以往的学徒制度。18世纪末到19世纪初，西方国家出现了产业革命，由于机器代替了手工工具，工厂代替了作坊，工人不需要像以前的工匠一样掌握生产的全过程，只需掌握机器生产中的一个环节，生产摆脱了个人的手艺和生理条件的局限，从而使工人掌握工艺的时间大大缩短，从而导致中世纪学徒制的崩溃。以后，随着机器生产的进一步发展，生产过程日益复杂化，要求加强科学管理，要求劳动者对生产过程和机器原理有一定的了解。同时，市场竞争也对劳动力熟练程度提出了的要求，在这种情况下，出现了对工人进行初等教育（读、写、算）和技术教育的客观要求。随之以技术教育为目的的学校教育，最终取代了以往的学徒制度。

19世纪后期，学校技术教育在欧洲各国得到了广泛发展，并作为一种近代教育制度而稳定下来。最早实行学校技术教育的法国，在1851年于伦敦召开的国际博览会上，其机器产品远远超过英国并处于领先地位。1873年巴黎创立了著名的狄德罗学校，招收小学毕业生，开设建筑和机械方面的课程，一半时间上课与制图，一半时间实习，修业期3年。1892年在商工大臣监督下设立了"商工实务学校",这类学校有建筑、机械、家具制造、印刷装订、工艺美术等学科,是对商店、工厂直接从事业务工作的人员进行技术教育的职业学校。在此以前,法国已在普通小学中开设木工、铁工、模型、雕刻等课程,进行职业预备教育。这一时期,欧洲的职业学校是为小学毕业生或尚未毕业的人设立的,是一种初级的职业教育。

（2）第二次世界大战以后,发达国家将科学技术广泛运用于生产过程,职业技术教育趋向普及化,并向更高层次发展,使职业教育日益成为发达国家经济发展的巨大推动力。许多国家把劳动力资源的开发提到战略高度,从而形成比较完善的包括就业前、后的职业教育培训体系。德国把职业培训列入劳务政策重点,认为是解决结构性失业的重要途径。日本的企业家认为,"培训科技人员和技工花费的教育投资,要比物的投资（设备投资）更为重要"。日本的职业高中在日本经济和发展中,特别在20世纪的五六十年代做出了很大的贡献,德国70%以上的同龄青年人在受过九年或十年的普通教育后,进入"双元制"的职业学校。美国与德国不同,实施职业教育的高中有三种:综合高中（开设职业课和一般文化课）、职业高中（全日制职业学校）和社区职业教育中心（开设职业课程,供本区高中选修职业课程的学生学习）。第二次世界大战以后,由于高中教育的发展和普及化,高中后职业教育已是美国、加拿大等国职业教育的主要层次。

欧洲各国通过立法把农业职业教育列为义务教育,也称"强迫教育",只要经营农业就必须接受职业培训,这种培训有严格的考试制度,必须达到规定的要求。有些国家规定全国统一考试大纲,对合格者发给"绿色证书"（农民证书、农民能力证书、农业证书等）,才有资格当农民。这样做的目的是促使农民掌握一定的科学技术和基础知识,以便更有效地利用资源,取得较好的经济效益。

当前,高度重视职业教育已经得到了世界各国的公认,职业教育的发展速度明显超过了普通教育,发达国家尤为明显,如美国的社区学院、日本的短期大学,已把职业技术教育延伸到了高等教育的各个领域。美国社区学院在20世纪初只有52所,学生约8000人,到20世纪90年代已经发展到1300余所,学生人数超过500万,学生人数占全国高等院校的45%以上。日本的短期大学从20世纪50年代开始到现在已发展到近600所,学生人数也达到40余万。在全世界范围内,随着科学技术的不断进步、社会生产和经济的蓬勃发展,企业对各种层次的劳动力需求不断增长,对人才智力结构和技术结构的要求不断提高,发展职业教育已经成为一种世界性的趋势,世界各国把大力发展职业教育作为一项战略任务来看待。

中国是一个发展中国家,经济和社会的发展水平还比较低,社会生产力和发达国家相比还有相当大的差距。随着社会主义市场经济体制的建立和发展,以及改革开放的不断深化,我国社会主义现代化建设步入了一个持续、稳定、高速发展的时期,经济体制和经济增长方式正在发生根本性转变，经济增长方式已开始从粗放型向集约型转变，产业结构的调整和转变，加快了技术进步的步伐，提高了生产过程中的技术含量，各行各业在生产过程中的生产技术手段日益更新，科技含量日益增多；对劳动力的要求不再只是过去那种以简单重复性劳动为主，而是变成梯形结构的管理型、科技型、操作型的优化组合。在这种新形势下，企业对劳动力个人的综合素质、技能水平等都比以往有了更高的要求和标准。一个企业，除了要有高级技术人才、高级管理人才以外，还需要有大量有一技之长的熟练技术工人。只有具备了相当数量的高素质的工作人员，才能保证整个生产过程的顺利进行，从而保障产品的质量。在我国，劳动力数量与质量不相称、劳动力整体素质比较低的问题日益暴露出来。劳动力缺乏应有的培训和提高，已经成为制约经济发展的主要障碍之一，我国加入 WTO 后，人们开始认识到"中国制造"到底由"谁来制造"这一深刻问题。因此，大力发展职业教育，尤其是高等职业技术教育，为社会培养大量的生产第一线的合格的、高素质的实用型与应用型技术人才，全面提高劳动者的素质，切实实施科教兴国战略和可持续发展战略，已经成为我国教育改革的当务之急。

二、我国高等职业教育的兴办及发展

（一）兴办及发展背景

1978 年党的十一届三中全会以后，我国实现了以经济建设为中心的战略转移。全国各地、各条战线掀起了社会主义现代化建设的热潮。尤其是我国东南沿海地区，改革开放的步伐加快，经济建设呈现高速发展的态势。经济的发展、社会的进步、人才短缺成了突出的矛盾之一。而我国教育事业由于十年"文革"的破坏，人才断层现象十分严重。因此，从 20 世纪 80 年代初开始，在我国东南沿海及一些经济较发达地区率先出现了一批由中心城市举办的新型地方性大学——职业大学，这就是我国最早的高等职业学校。这类学校后来发展到 100 多所，他们具有职业性、地方性、实用性等特点。20 多年来，我国的高等职业教育有了很大的发展。目前，除了承担高等职业教育的学校除职业大学和职业技术学院外，还包括高等专科学校、成人高等学校、民办高等学校、普通高校中的职业技术学院和进行五年一贯制高职教育的中等专业学校等六类院校。

我国高等职业教育，是在具有高中或相当于高中文化的基础上，培养生产、建设、管理、服务第一线具备综合职业能力和全面素质的高级实用型人才。它是我国高等教育的重要组成部分，相当于联合国教科文组织颁发的国际教育标准分类中的 level5b。而我国以学术型、工程型人才为培养目标的传统普通高等教育，相当于国际教育标准分类中的 level5a 和 level6。高等职业教育的课程设置主要是从相应的职业岗位（群）

或者相应的技术领域的要求出发,按照这类人员应具备的理论知识、实践技术、专门技能和全面素质来设计。

高等职业教育分学历教育和转岗培训、岗前培训等非学历教育。学历教育的生源包括高中毕业生、中等职业学校的毕业生、具有同等以上学历的有实践经验的在职职工以及少量进行五年制高等职业教育的初中毕业生。

改革开放以来,我国高等教育取得了举世瞩目的成绩,为经济建设培养了大批专门人才,但同时也暴露出一些与社会需求不相适应的问题,比如办学模式单一、偏重理论教学、轻视实践教学、学生理论基础扎实但实际能力薄弱等。为此,20世纪80年代末,我国高等教育进行了结构调整,加快了教学领域的改革,除涌现出一大批职业大学外,普通专科学校、成人高校及普通大学也通过深化教学改革,积极探索培养应用型人才的办学模式,取得了明显的改革成果,为我国高等职业教育的发展注入了新的活力。

我国高等职业教育的迅速发展还与我们党和政府确定的方针和一系列政策密切相关。1985年,《中共中央关于教育体制改革的决定》明确提出了"调整中等教育结构,大力发展职业技术教育"的意见;1991年《国务院关于大力发展职业技术教育的决定》对职业技术教育的战略地位和作用、方针的实施作了具体规定;1993年中共中央和国务院颁发的《中国教育和改革发展纲要》又明确指出,职业技术教育是现代教育的重要组成部分,要求职业技术教育要主动适应社会主义市场经济和当地建设事业的需要,形成全社会兴办多形式、多层次职业技术教育的局面。但职业教育及培训主要是在中等职业教育的水平上进行的,主要分为三个部分:正规学校教育,主要是中等专业学校、职业高中和技工学校,每年培训约160万人;短期的职业培训,约有2000所职业培训中心,每年培训约270万人;在职培训,为社会青年、离校学生提供学徒式的培训。我国每年有600~700万人进入企业,其中能够接受培训的只有200万人左右,仅占新就业者的1/3,我国乡镇企业的职工已达到一亿人以上,再加上大量的下岗人员,这些职工很难获得相应的培训和提高。1994年召开的全国教育工作会议确立了"大力发展初、中等职业教育和成人教育,适当发展高等专科教育和高等职业教育"的工作方针。1996年召开的第三次职业教育工作会议上,李岚清副总理再次提出:现在已是研究、解决发展高等职业教育问题的时候了。同年,原国家教委选择了北京、上海、江苏、广东四省市进行高等职业教育试点工作。5月,《中华人民共和国职业教育法》经八届全国人民代表大会常务委员会第十九次会议通过并予以实施,职业教育的发展被纳入了依法治教的轨道。

继1996年我国颁布了《职业教育法》之后,1998年,我国又颁布了《高等教育法》,明确了高等职业学校是高等教育的组成部分,从而确立了高等职业学校的法律地位。同年教育部制定了《面向21世纪教育振兴行动计划》,提出了积极发展职业教育的方针。

同年，教育部进行了机构改革和调整，将高等职业教育和成人高等教育划归由高教司统管。高教司提出了"三教统筹，互相学习，协作攻关，各创特色"的基本工作方针，从而使高职、高专、成教三类教育汇聚到一起，抓住培养高等技术应用型人才这一根本任务，形成发展高等职业教育的合力。

1998年，国家教育部在下发的《面向二十一世纪深化职业教育教学改革的原则意见》中指出，要"认真贯彻国家的教育方针，提高教育质量和办学效果，培养适应21世纪我国社会主义现代化建设要求的高素质劳动者和专门人才，是职业教育战线落实党的十五大精神的重要任务。我国正处在实现两个根本性转变、落实科教兴国和可持续发展战略的关键历史时期，社会和经济发展对职业教育的发展和改革产生了全面的、深刻的影响，并提出了更高的要求。职业教育的教育质量和办学效益，直接关系到我国21世纪劳动者和专门人才的素质以及社会主义现代化进程"。教育部还提出了发展高等职业教育的方针，即三个有利于：有利于高等教育结构的调整和已有教育资源的合理利用；有利于中等教育结构调整和中、高等职业教育的相互衔接；有利于培养基层和农村需要的高级实用人才，为区域经济和科教兴业第一线服务。同时，还提出了发展高等职业教育的"三改一补"思路，主要是通过现有职业大学、部分专科学校、独立设置的成人高校，改革办学模式，调整专业方向和培养目标来促进高等职业教育的发展；在仍不能满足要求时，经批准可利用少数具备条件的重点中专学校改制等方式作为补充。

1999年，教育部为了推动和促进高等职业教育的改革和发展，成立了高职高专教育人才培养工作委员会，比较系统和全面地研究高等职业教育发展中所面临的问题，并着手制定一系列的指导性文件，促进我国的高等职业教育沿着健康的轨道发展。同年6月，党中央和国务院颁布了《中共中央国务院关于深化教育改革全面推进素质教育的决定》。《决定》指出，"高等职业教育是高等教育的重要组成部分。要大力发展高等职业教育，培养一大批具有必要的理论知识和较强的实践能力，能在生产、建设、管理、服务第一线和农村急需的专门人才"，进一步明确了高等职业教育的地位、培养目标。在《决定》的指引下，近年来，我国高等职业教育有了超常发展，除了原来的"三改一补"，部分普通高校，民办高校以及高职高专，都在举办高等职业教育，形成了多路大军办高职的局面。发展高等职业教育成了社会的热门话题，成了全社会关注的事情。

（二）发展趋势

1. 发展力度加大

当前，科技经济的迅猛发展，使国民经济在产业结构、行业结构、技术结构三个层面上持续产生重大变动。这就使得在社会的职业岗位结构中，高技术岗位迅速增加而低技术岗位则不断消亡。社会职业岗位体系已成为一个持续向高技术趋近的动态系统。因而，高等技术应用型人才的需求日益迫切，高职教育在高等教育中的比重也必然是逐年增加。

全民族的科学技术文化素质是进行现代化建设的基础，而发展高等职业教育是全面提高全民族的科学技术文化素质的重要途径。因为，仅靠本科院校是做不到这一点的。只有通过大力发展高等职业教育，才能使更多人接受高等教育。

随着人民生活水平的不断提高，在物质生活得到基本满足后，接受高等教育已成为社会成员充分实现自身价值、提高生活质量、满足文化需求的普遍愿望。因而，大力发展高等职业教育也正是满足这种愿望的重要举措。

我国广大农村和不太发达地区迫切需要技术应用型人才，高等职业教育院校一般都办在地方。实践证明，高职院校是培养"下得去、留得住、用得上"、服务于地方的技术应用型人才的重要途径。

2. 三教统筹，形成合力

我国当前的高等职业教育、高等专科教育和成人高等教育，它们具有一个本质性的共同点，那培养目标都是高等技术应用型人才。它们都是以社会需求为目标，以技术应用能力的培养为主线设计教学体系，相互间的区别是非本质的，所以理应统一管理。同时，从国际比较中可知，世界大部分国家不存在独立设置的成人高等院校。高等教育是一个统一体，既面对青年，同时也向成人开放，联合国教科文组织所编的《国际教育标准分类》中明确指出，教育不是以年龄来分类的。而高职与高专的区别在国际上也是不存在的。由此可见，世界各国大都是"三教统筹"。

在"三教"分管时，我国教育行政部门对"三教"的管理，形成了三个相对独立的管理体制。各省市教委基本上均分设高教处、成教处、职教处等处室，分管上述三类学校，造成教育主管部门在高等职业教育管理上政出多门、规定不一、缺乏相互沟通和协调，从而出现学校与专业重复设置、教育资源浪费、办学效益不高的局面。"三教统筹"后的事实表明，它有利于教育行政部门集中管理和统一规范，有利于各高职院校相互学习、形成合力、协调发展、各创特色，有利于高等职业教育健康发展。

3. 多样化态势

高等职业教育的发展应采取多渠道方式，主要通过高等专科学校、职业大学、职业技术学院、社区学院、成人高等院校、民办高校，以及相关本科院校设立高等职业技术学院等来承办高等职业教育。高等职业教育可以有多种学制模式。对于专科学历教育，以高中后三年的学制模式为主；初中后五年制模式也应积极试点、提倡和推广；高中后的四年本科学制和高等职业教育后的二年本科学制，国际上以及我国台湾地区早已存在，我们也应认真探索，予以借鉴。高等职业教育应实行多种运行机制，除国有院校原有的运行机制外，还可实行学校面向生源市场自主办学，学生不转户口自谋职业的办学机制；鼓励民办高等职业教育；积极推进校企联办、中外合作等不同形式、不同机制的运行机制。所以，高等职业教育的多样化，主要体现为：办学的多渠道、学制的多模式、运行的多机制。

4. 专业结构大调整

高等职业教育的专业应主动适应地方经济和行业的需要，按照技术领域和职业岗位（群）的实际要求设置。专业内涵应体现高等技术应用型人才的知识、能力和素质的要求，应有足够的技术含量。所设置的专业不仅应针对社会需求，更应考虑技术内涵是否达到高等教育的水准。专业设置还须论证其教育效益、稳定性和毕业生就业状况。高等职业教育的专业设置必须满足社会对高技术发展的需求，必须适应第三产业蓬勃发展的要求。我国高职院校的不少专业是适应高技术发展的需要应运而生的。当前，我国正处在产业结构变动的关键时刻，第三产业比重迅速增加，因而，培养大批"三产"发展需要的高等技术应用型人才，也是高等职业教育的重要任务。同时，我国农业现代化与农村经济的发展也都需要能为大农业发展服务的高等技术应用型人才。所以，高等职业教育在设置专业时，必须注重这三方面的需求。

由此可见，当前，高等职业教育专业结构的调整，必须认真考虑专业内涵要有足够的技术含量；应该特别注重设置与高技术发展、第三产业增长、农业现代化与农村经济发展有关的专业。

5. 学历教育与非学历教育并重

科技的迅猛发展使工作岗位的内涵变化十分迅速。社会人员要跟上这种发展，就要不断学习、终身学习。终身教育由学历教育与非学历教育组成。对个人来说，学历教育大都集中于个人生活的早期。非学历教育则贯穿于走向工作后的各个阶段，而且与个人生计紧密相关。因此，在现代社会中，非学历教育已不再是学历教育的辅助性教育，而是使个人能不断跟上社会发展、持续取得成就的重要教育。在现代社会中，学历教育与非学历教育应该并重。

随着高技术在工作现场的广泛使用，专业技术岗位的智能结构向深度化、复杂化方向发展。高深的专业技术成为独立的学习内容。所以近阶段国际上出现了各种高技术、高水平的国际专业资格证书，例如，微软公司的 MCP（微软产品专家证书）、MCSE（微软系统工程师证书）、网络设备公司的 CCIE（网络专家证书）等。情况表明，现代社会的就业条件往往是学历文凭加专业技术资格证书。而且，有些公司更重视专业技术资格证书，而取得这种证书所应接受的资格证书教育是属于非学历教育部分。总之，科学技术的迅猛发展，使非学历教育正成为个人能不断跟上社会发展并持续取得成就的重要教育，其中的重要环节是专业技术资格证书教育。

6. 层次将逐步高延

高等职业教育的培养目标是高等技术应用型人才。技术应用型人才最初是由中等专业教育来培养的。第二次世界大战以后，尤其从 20 世纪 60 年代至今，新技术的广泛应用和第三产业的蓬勃发展，产生了许多技术含量较高的岗位，从事这些岗位的人员已不是中等专业教育所能培养的。这就必然将技术教育推向更高层次，产生了高等技术教育，也就是我国的高等职业教育。20 世纪 60 年代后，国际上出现了许多承担高等技术教育的院校，如美国的技术学院和社区学院、英国的多科性技术学院、法国的短期技术学院等。这些院校以培养技术应用型人才为其主要特征，学制大都为 2～3 年。技术应用型人才的教育层次高延并未到此终止。1965 年，美国教育家 Harod·A·Foeehek 教授提出"大学本科水平上至少有四种学位教育——科学类、工程科学类、工程类和工程技术类"，其中工程技术类就属于技术教育。在 1969 年，美国就已有首批技术学士学位毕业生 2858 人；英国 1975 年就有首批技术专业本科毕业生 7189 人；日本 20 世纪 70 年代成立了以高专毕业生为生源、学习二年达到本科水平的技术科学大学；我国台湾地区 1974 年就举办大学本科层次的技术教育，此后，又进一步办起了研究生层次的技术教育。联合国教科文组织所编的 1997 年版《国际教育标准分类》中也明确提出，技术教育可以有大学本科或以上层次。这是对本科层次技术教育的权威性肯定。我国的高等技术教育也是高等职业教育，也必定会体现这一高延趋势——不再局限于 2～3 年学制的专科层次，4 年制甚至更长学制的技术教育也将得到认可。以上情况表明，社会经济与科技的不断发展，必定使工作岗位的技术内涵日益丰富。因而，培养这些岗位承担高职教育的层次也必定要随之持续高延。

第二节　高等职业教育的内涵及基本特征

一、高等职业教育的内涵

界定高等职业教育首先要弄清两个概念：一是层次概念，什么属于中等、什么属于高等；二是职业教育的概念。关于教育层次的划分，比较惯用的标准是教育的年限。若完成某类教育需要在 12 年以后（小学、初中、高中）再学习若干年，就把这类教育划分为高等层次。我国的高等教育又分为专科、本科和研究生三个阶段。如果 12 年后需再学 2～3 年的称专科，再学 4～5 年的称本科，本科以上再学习的就是研究生教育。

关于职业教育的界定问题，世界各国都有一些不同的看法，同一国家在不同的时期界定职业教育的标准也不一样。苏联把技工教育称为职业教育，实际上是把培养技术工人的教育称为职业教育。苏联解体后，便拓宽了职业教育的内涵。我国学术界对职业教育的理解也有很大的差异。有的把培养工人、农民的教育称为职业教育，进而认为不存在高等职业教育。也有的认为针对职业需求的一切专业教育都可称为职业教育。这里关键是一个培养目标的定位问题。1985年颁布的《中共中央关于教育体制改革的决定》中对职业教育培养目标已有原则的论述:高等职业教育主要是为生产、建设、服务、管理第一线培养实用人才。但由于职业岗位的不同,培养这类实用人才所需的年限也不一样,由此形成的教育层次肯定就有所区别。这里所讲的年限是指定完成高中阶段学习后其专业教育所必需的年限。按照一般教育层次划分原则,相当于普通高等教育学习年限的就属于高等职业教育,专科层次的高等职业教育是在高中阶段后学习2~3年,这种短学制的高等教育一般培养的是各行业第一线的实用人才。但是不是高等职业教育就仅限于专科这个层次呢? 答案应该是否定的。随着科学技术的迅速发展,许多行业第一线实用人才需要较长的学习年限才能完成其专业学习和训练,如飞行学院培养现代飞机驾驶员就需要4年甚至更长时间。飞机驾驶员是第一线的实用人才,但其学习年限是属于本科层次。因此高等职业教育并不能只限于专科。第一线实用人才虽是一个内容很广的范畴,但把它作职业教育的本质特征取得共识,正是由于职业教育包含了较大的专业知识和技能的跨度,才形成了职业教育的层次性和体系。

关于高等职业教育的内涵,联合国教科文组织1997年颁布的《国际教育标准分类法》对我们有较大的参考价值。该文件对教育采取教育等级和教育计划交叉分类法,如第5级就分为5A级和5B级,其中5B级的课程内容是面向实际的,是分具体职业的,主要目的是让学生获得从事某个职业或行业、某类职业或行业所需的实际技能和知识,这实际上就是我们所讲的高等职业教育。

如何理解高等职业教育中的"高"字,我们可以再追溯一下职业技术教育的发展历程。19世纪,工业产品制造过程中的技术问题主要依靠技术工人的技能和经验解决。20世纪初,由于生产现场技术水平的提高,特别是生产自动线的出现,制造过程中的技术问题日趋复杂,需要有专门的技术人员来处理,于是出现了相应的职业技术教育。职业技术应用型人才最初由中等专业教育来培养。第二次世界大战后,尤其是20世纪60年代至今,由于高新技术的广泛应用和第三产业的蓬勃发展,产生了许多技术含量较高的工作岗位,从事这些岗位工作的人员已不适合再由中等专业教育培养,这就将职业技术教育推向了更高层次,产生了高等职业教育。因此高职的"高"字,应理解为更多地应用高新技术,岗位的专业化程度更高,或者岗位的复合度更高,岗位的技术含量和智能化水平更高。这个"高"字应理解为是由于技术层次的高移或者岗位技术成分的提升,劳动内涵的丰富而导致的职业技术教育的高移,培养的人才由技能性向技术性转移,但人才面向生产第一线或者工作现场没有变。

从以上分析我们可以知道,高等职业教育在层次上属于高等教育,在类型上是职业教育,有别于普通教育。高等职业教育是一个重要的教育类型,有其特殊性,不能用普通高等教育来替代。鉴于此,我们对高等职业教育的内涵可作如下描述:高等职业教育是在普通教育的基础上,针对社会职业岗位群的需要而进行的专门知识、技能和职业道德教育,是主要为生产、建设、管理、服务第一线培养高级实用型、技术型人才和管理人才的一种专门教育。

二、高等职业教育的基本特征

就高等职业教育的特征,目前也有许多说法。有的学者认为,高等职业教育的主要特征包括培养目标、服务面向、专业设置、教学内容、培养标准和办学模式几方面。培养目标:主要是培养高中后接受 2～3 年学校教育的应用型、技能型人才,优先满足基层第一线和农村地区对高等职业教育人才的需要;服务方向:面向基层、面向生产和服务第一线;专业设置:必须根据社会需求及时调整专业,而不是依据学校有无某专业方面的学科带头人才;教学内容:成熟的技术和管理规范,突出职业能力培养,基础课按专业学习要求,以必须够用为度;培养标准:在校期间完成上岗实践训练,一毕业就能上岗,无适应期;办学模式:产学研结合,实行"双证书"制度。有的学者还认为,高等职业教育的特征主要在于人才类型的特殊性。"高职教育是一种特殊类型的高等教育,其人才培养目标与传统普通高等教育人才培养目标有显著的区别,与普通高等教育培养的学术型人才相比,高职教育所培养的是技术应用型的人才。"这些观点都从不同的层面说明了高等职业教育的特征,我们可将之概括为以下几个方面:

(一)培养目标:主要为生产、建设、管理、服务第一线培养具备综合职业能力、技术应用能力和基本素质的高等技术应用型人才

技术应用型人才主要从事技术的应用与操作,对完成的设计、规划和决策进行具体实施并转化为产品,他们主要在第一线工作,他们必须具有一定的理论技术、经验技术、智力技能和动作技能。目前,需要由高等职业技术教育来培养的技术应用型人才的职业技术岗位大体可以分为四类:(1)专业技术岗位:如工艺工程师、施工现场工程师、技术工程师、护理师、高科技装备维修人员、数控机床编程与维修人员等;(2)经营管理岗位:如城建项目经理、作业长、车间主任、建设监理等;(3)经营业务岗位:如中高级的会计、统计、信贷员、出纳员、秘书、导游、市场预测成本核算、广告设计、外汇交易、投资咨询等;(4)智能操作岗位:如飞机驾驶员、远洋轮船驾驶员和轮机操作人员、柔性加工线运行人员、集中控制室运行人员等。

随着经济和社会的发展,社会对技术应用型人才的需求越来越大。美国社会学家、未来学家预测:"美国 21 世纪的劳动市场,包括肯尼迪航天中心这样的单位,80% 的工作岗位只要有二年大专职业教育的学历就够了。"现在有一种思想认为信息社会的出现,知识经济的到来,需要的是创新人才,因此更强调精英教育,似乎培养高级实用型人才的高等职业教育就无用武之地了。其实,知识经济时代固然需要创新人才,但

从事高精尖研究的人才毕竟是少数。面对知识的传播，需要大量实际工作人才，这正是高职应该培养的人才的原因。创新不仅是对研究学术型人才的要求，技术应用型人才同样需要创新能力。市场经济体制的建立和完善、科学技术的进步、社会竞争的激烈，要求当今时代的人都有创新意识和创新能力，这样才能跟上时代前进的步伐。目前，我国经济处于转型时期，产品技术不断更新升级。人才市场反应，生产一线还需要大量的具有一定管理能力、操作型、应用型的人才。所以，面向地方经济、面向生产服务第一线，办好高等职业教育，可以更好地满足地方经济和社会发展对应用型人才的要求。

（二）入学标准：原则上具有高中文化基础和一定的职业技能基础

高等职业教育多数专业的入学者，应具有高中文化基础和相关专业的知识与技能基础。按照《国家教育分类标准》，既要达到"3"的水平，又要具有"B"的基础。这里的"3"就是指的高等职业教育的起点文化基础，"B"指的是一定的职业技能基础。1985年，《中共中央关于教育体制改革的决定》中指出："发展高等职业技术院校，优先对口招收中等职业技术学校毕业生以及有本专业的实践经验、成绩合格的在职人员入学。"这反映了高职的入学标准应包括这两方面的要求。要具有高中文化基础，这是因为高职教育的培养目标，需要具备基于高中文化基础上的技术知识与技术创新能力。良好的高中文化基础不仅是获得现代技术知识与能力所必需，也是一个可持续发展的、有较强适应性的技术型人才的素质基础。要具备相应职业领域的技术基础，这是因为技术型人才所掌握的职业技术能力，也是一个由简单到复杂、由初级到高级的过程体系。高级的职业技术能力往往要求建立在低一级能力的基础上。按照高等职业教育的要求，大多数专业还要求入学者有一定的职业技术能力，这是保证高职教育人才培养质量的基础。因此，发展高等职业教育，应尽快规范高职教育的入学标准，更好地使普通教育与职业教育相沟通、中职教育与高职教育相衔接。

（三）专业设置：根据社会和市场需求设置专业

教育部《关于加强高职高专教育人才培养工作的意见》（教高〔2000〕2号）就高等职业教育专业设置问题明确指出："要根据高职高专教育的培养目标，针对地区、行业经济和社会发展的需要，按照技术领域和职业岗位的实际要求设置和调整专业。专业口径可宽可窄，宽窄并存。同时要妥善处理好社会需求的多样性、多变性与学校教学工作相对稳定性的关系。"按照高等职业教育的培养目标，高职教育是培养职业型、应用型人才，而不是学科型、设计型、理论型人才，是为了满足社会职业岗位的实际需要。目前的高等职业教育，一是要培养专业技术人才，二是要培养经营管理高级人才，三是要培养经营业务高级人才，四是要培养智能操作岗位的人才。高职教育的专业设置要牢牢把握住这几点，特别是要面向市场、面向经济建设的主战场。高职教育为社会主义现代化建设服务，最根本的就是要体现为社会各行各业培养数以亿计的劳动后备军和高等技术应用型人才。专业设置必须从现实的市场需求出发，面向经济建设的主战场，根据当地城乡经济发展和产业结构调整的需要，有选择地瞄准有关行业和职业领域，设置能吸收大量专门人才的专业，不能脱离经济建设的需求，不能脱离劳动力市场的需求；一定要立足当前，着眼长远，以人才市场需求为导向，以为社会主义经济建设服务为总方向，以常规性专业、通用性专业为主体，向社会输送合格的高素质的技术应用型人才。

（四）培养过程：按照培养目标，制定教学计划、设计教学内容，培养学生相应的职业能力

培养过程是服务于培养目标的。高等职业教育由于培养目标的特殊性，在培养过程中也表现出特定的特征，要着力使学生形成特定的知识和能力结构。这种能力结构不同于工程型、学术型人才，它有四个方面的特征：（1）要有一定的理论基础，但不必达到工程型人才的要求，而是更强调理论的应用；（2）相关的专业知识要更宽广些，因为技术实践问题更为综合，参与因素更为复杂；（3）综合应用理论知识解决实际问题的能力要更强，尤其应具备解决现场突发性问题的应变能力，还应具备一定的操作技能；（4）由于生产现场的劳动常是协同工作的群体活动，所以处理好人际关系的能力，组织和领导工作群体的能力是这类人才极为重要的素质。按照这些特点，高等职业教育的教学指导思想是使学生获得相应的职业领域的能力。教学计划、教学过程、课程内容、质量评价等都可以使学生获得能力为中心进行设计和实施。因此高等职业教育的培养过程是培养学生相应职业能力的过程，是以使学生获得能力为目的的。这里的能力不仅仅是操作能力，也不完全是心理学上的能力概念，而是指包括知识、技能、经验、态度等为完成职业任务所需要的一切素质。要求学生一毕业就能上岗，成为熟练劳动者，这就要在培养过程中安排大量的实践训练过程。这也是高等职业教育特色形成的关键。

培养过程还要解决的一个问题是课程，包括课程内容和课程结构。技术应用型人才知识能力结构的总体特征是理论技术与经验技术相结合，以理论技术为主。因而高等职业教育的课程内容应使学生掌握理论技术所必需的理论基础及相应的应用能力。也就是说既要有一定的理论知识，也要有一定的实践知识，这里重要的是两者所占的比例问题。对于这个问题不能一概而论，要根据不同的专业而定，我们要遵循的一个根本原则是：理论知识以必须够用为度，实践知识与能力也可以在毕业时立即上岗工作为目标。一般情况下，实践性较强的专业，理论教学与实践教学学时数之比为1：1。如美国密特萨克斯社区学院电气技术专业的实践教学时数占总时数的46.7%；新加坡技术学院机械制造专业的实践教学时数稍超，占总学时数的1/2；北京联合大学计算机应用专业的理论与实践的学时数比例也约为1：1；沈阳工业高专锻压工艺专业的实践教学时间占全部教学时间的52%。当然，这个原则也是一个动态的概念，随着科学技术的迅速发展，职业岗位的内涵和要求的变化也非常之大，这就要求高职教育在培养人才时，除了要有一定的针对性外，还要求对这种变化有一定的适应性。

（五）培养条件：合理的师资结构和必需的教学设备

培养条件是为培养过程和培养目标服务的。为了保证高等职业教育培养技术应用型人才这一特定培养目标的实现，必须有相应的培养条件作保障。这些条件除各类教育都必须的物质与非物质条件以及社会参与这一特殊条件外，主要是师资和设备这两方面有明显的要求和特征。其一是师资。高等职业教育的师资除了数量适当、结构合理外，必须是大量的"双师型"教师。同时，高职教育的教师应具备一定的经济知识，要有市场观念，因为高职教育要依托市场办学，教育的"产品"应成为"商品"，要用新的商品观、产业观、发展观等来看待高等职业教育。此外，高职教育师资的队伍构成必须多样化，包括聘用兼职教师，聘任一定数量的实习指导老师，保证一批精干的专任教师。当然，作为学校的专任教师必须有保证到相关企业和其他一线部门更新知识与能力的制度。其二是设备。高等职业教育的设备主要是实习和实训设备，这些设备一般有四个特点：（1）现场特点。即学生的实习场所要尽可能与社会上实际的生产或服务场所一致，要充分重视校内外实训实习基地建设；（2）技术应用型特点。即高职教育的实习实验设备应有利于培养学生的技术应用能力、分析和解决实际问题的能力；（3）综合特点。即实习条件必须综合化，以培养学生在错综复杂的场合思考问题的能力，学会处理各种复杂问题；（4）可供反复训练的特点。即对于某项实习、实验反复练习。模拟仿真设备能较好地发挥作用。因此，高等职业教育的设备应立足于培养技术应用型人才，必须有一定的专用设备。

（六）用人部门参与：用人单位参与办学，建立办学伙伴关系

在这方面表现最明显的是德国的"双元制"培养模式。需要用人单位的参与也是由高等职业技术教育的培养目标所决定的。一方面，高等职业教育培养的人才要具备很强的职业性，一毕业马上能顶岗。这在学校很难完成，只有让学生在实实在在的岗位上才能得到真实培养；另一方面，现代技术发展很快，许多新技术是一边应用，一边发展，未必能及时地反映到学校教育中来。许多作为技术人才应具备的知识和能力，只能在实际工作地点才能获得。所以，用人单位的参与成为高等职业教育的特征之一。

第三节　我国高等职业教育现状分析

一、高等职业教育的地位与作用

（一）高等职业教育是我国高等教育的重要组成部分

高等职业教育是我国高等教育的重要组成部分，可以用三句话来概括：它是高等教育、它是职业技术教育、它是职业技术教育的高等阶段。我国 1998 年颁布的《高等教育法》明确指出：“本法所称的高等学校是指大学、独立设置的学院、高等专科学校，其中包括高等职业学校和成人高等学校。”这里也非常明确地把高等职业学校作为高等教育的一部分确定下来。1999 年召开的第三次全国教育工作会议通过的《中共中央国务院关于深化教育改革全面推进素质教育的决定》也指出：“高等职业教育是高等教育的重要组成部分。要大力发展高等职业教育，培养一大批具有必要的理论知识和较强实践能力的技术应用型人才。”由此可以说明，高等职业教育是高等教育的一个重要类型。甚至有的学者还认为，高职教育作为高等教育的一个重要类型，它是和以学术目的为主的普通高等教育并存于专科、本科和研究生教育等各层次的教育中。

（二）高职教育是实现高等教育大众化及普及化的重要力量

我国是一个人口大国，经济基础相对较差，接受高等教育的人口比例还很低。据有关资料显示，全国小学入学率已高于同期世界平均水平。显然，高等教育水平低，已成为制约我国经济和社会发展的瓶颈。高等教育发展能力不足这一尖锐的供求矛盾是造成我国国民素质整体偏低、阻碍我国现代化进程的重要原因。根据我国现实的国情和人民大众对教育的需求，无论从哪个角度看，都不可能只通过普通高等教育来提高国民的受教育水平，拉动高等的教育大众化。必须采取多渠道、多途径发展的方针、政策，使我国高等教育的规模有较大的发展。

我国高等教育在由精英教育向大众化教育迈进的过程中，高职教育的发展起了十分重要的作用。随着经济的发展，社会需要更多的高级技术应用型人才而非学术型人才，高职教育依然会成为我国高等教育实现普及化的主力军。

（三）高职教育是实现我国高等教育结构多样化的重要途径

我国传统高等教育基本上是用一种模式培养人才，即以学科为本位培养人才。这种办学模式只注重理论教学，轻视实践教学，培养的学生理论知识较扎实，但动手能力差，而且不愿到生产一线工作；即使到生产一线，也不具备实际工作能力。当今经济社会的发展对人才的需求是多样的、多规格的。因此，我们既需要培养一大批从事科学研究、工程规划设计的高级专门人才，更需要培养一大批在第一线从事生产、建设、管理、服务等工作的技术应用型和高技能型专门人才。目前我国经济正处于快速发展的阶段，许多行业的岗位技术含量提高，急需学校的培养将科技成果转化为产品的技术应用型人才，这一任务历史地落到了高等职业教育的身上。如电力行业，国家规定今后新电厂一般都要在300MW，这就对劳动者素质提出了更高的要求，其操作人员的工作性质已由体力技能操作转向智力技术操作。显然，传统的高等教育难以满足这一要求。所以，实现高等教育结构的多样化，必须大力发展高等职业教育。

（四）高职教育在终身教育中占有重要地位

在现代经济社会发展进程中，大量职业岗位出现了分化（细分）和复合（集中）的现象，再加上人才流动范围的扩大、频率的加快，一个人一生中可能要更换多次工作岗位，因此，只靠在学校进行的职前（学历）教育已无法满足一生的需要。这使终身教育成为现代教育的主要特征。正如联合国教科文总干事马约尔在1999年4月第二届世界技术与职业教育大会上所提出的："提供终身教育与培训是我们唯一能够用必要的知识与能力武装人民的途径，使他们能够在变化的世界中生存。"教育将成为贯穿于人的一生的过程。而在终身教育中，以培养应用型人才为主要任务的高等职业教育将起着越来越重要的作用。

我国高等职业教育的发展，从起步到现在，可以将之划分为四个阶段：

（一）高职教育的孕育与起步（1980—1984）

党的十一届三中全会后，我国实行了改革开放政策，实现了以经济建设为中心的工作重点的转移。为了适应工作重心转移后经济发达地区对技术应用型人才的迫切需要，经济发达地区提出了创办地方职业大学的设想，主要想缓解当时人才紧缺的矛盾。基于这种要求，国家教委于1980年批准成立了南京金陵职业大学、江汉大学、无锡职业大学等13所短期职业大学。这标志着我国高等职业教育的开始，基本代表了我国高等职业教育发展的雏形。

随着改革开放地不断深入，我国经济发展速度加快，技术应用型人才匮乏的矛盾日趋突出。1982年，全国人大五届五次会议提出："要试办一批花钱少、见效快、可收学费，学生尽可能走读、毕业生择优录用的专科学校和短期职业大学。"根据这一精神，国家教委在1983年批准成立了33所职业大学，1984—1985年又分别批准建立了22所。这预示着我国高等职业教育发展的第一个高潮的来临。

（二）高职教育发展的探索与实践（1985—1993）

1985年，《中共中央关于教育体制改革的决定》提出："要积极发展高等职业技术院校，优先对口招收中等职业技术学校毕业生以及有本专业实践经验、成绩合格的在职人员入学，逐步建立起一个从初级到高级、行业配套、结构合理又能与普通教育相互沟通的职业技术教育体系。"该《决定》颁布后，全国职业大学从 1980 年的 13 所发展到 128 所，到 1989 年，高等专科学校招生数占高校招生总数的 50%，在校生数占 36%。

在这一期间，党中央国务院十分重视高职教育的发展，出台了一系列政策和措施，推动了高职教育的改革和发展。1991 年，《国务院关于大力发展职业技术教育的决定》发布。1993 年，中共中央国务院颁布《中国教育改革和发展纲要》，明确提出到 20 世纪末我国职业教育的发展目标，并强调 "要积极发展高等职业教育"。

（三）高职教育地位的确立（1994—1998）

1994 年，国务院召开全国教育工作会议。会议明确提出："通过现有职业大学、部分高等专科学校和独立设置的成人高校改革办学模式，调整培养目标来发展高等职业教育；在什么不能满足时，经批准可利用少数具备条件的重点中等专业学校改制或者举办高职班等方式作为补充（三改一补）发展高等职业教育"。

1995 年，国家教委下发《关于开展建设示范性职业大学工作的通知》。《通知》指出，开展示范性职业大学的建设工作是在专业改革的基础上，建设一批示范性学校，逐步带动职业大学总体水平的提高，促进职业大学的健康发展。

1996 年，全国职业教育会议召开。李岚清在会上特别指出，现在已是研究、解决、发展高等职业教育问题的时候了。会议明确提出要积极发展高等职业教育。

1996 年 9 月 1 日实施的《中华人民共和国职业教育法》更加清楚地规定："职业学校教育分为初等、中等、高等职业学校教育。"这是我国历史上第一次把高等职业学校教育以法律形式固定下来，在我国教育结构中第一次确立了高等职业教育和高等职业学校的法律地位。

1998 年，全国人大通过并颁布《中华人民共和国高等教育法》，非常明确地把高等职业学校作为高等教育的一部分，并对高等职业教育的性质、高等职业教育的特征、发展高等职业教育的目的、原则、途径和政策措施等作了比较系统而全面的回答。

（四）高等职业教育的大力发展（1999 年至今）

1999 年 6 月，第三次全国教育工作会议召开，《中共中央国务院关于深化教育改革全面推进素质教育的决定》发布。《决定》指出："要大力发展高等职业教育，培养一大批具有必要的理论知识和较强实践能力、生产、建设、管理、服务第一线和农村急需的专门人才。"这表明高职教育已成为我国高等教育的重要组成部分。

1999 年底，第一次全国高职高专教育教学工作会议召开，对高职教育的地位和作用作了进一步肯定。2000 年，《教育部关于加强高职高专教育人才培养工作的意见》印发实施，为高等职业教育规范、健康发展奠定了重要的基础。2002 年召开的全国职业教育工作会议，再一次把发展高等职业教育列入了重要议事日程，为新世纪高等职业教育的改革与发展起到了重要的推动作用。2003年召开的第二次全国高等职业教育产学研结合经验交流会，进一步提出，高职教育要走产学研结合之路，要办出特色，要加快培养社会紧缺的技能型和应用型人才。到2004年，高职教育又得到进一步发展，正如教育部部长周济在2004年6月的全国职业教育工作会议上的讲话中所指出的："高等职业教育面向经济社会发展培养高技能人才，成为高等教育的重要组成部分，1998年至2003年，高职在校生从117万人增长到480万人，增长了3.1倍，占普通高技在校生的42%。基本形成了每个地市至少设置一所高职院校的格局"。2005年11月召开的全国职业教育工作会议进一步强调了大力发展高等职业教育的重要性。温家宝总理在会上的讲话中就指出："在高等教育阶段，要相对稳定普通大学招生规模，重点发展高等职业院校，扩大高等职业教育招生规模，到2010年，使高等职业教育招生规模占高等教育招生规模的一半以上。"

三、高等职业教育发展中存在的主要问题

几年来，我国高等职业教育实现了跨越式发展，但在发展的过程中也暴露出一系列问题，这些问题已不同程度地影响和制约着我国高等职业教育的发展。

（一）观念相对落后，认识不到位

高等职业教育作为我国高等教育的重要组成部分具有双重属性，既是高等教育，又是高层次的职业教育，与普通高等学校相比有明显的不同，它不是按学科设置专业，不是按学科理论体系设置课程，而是以职业岗位能力为中心设置专业，按实际需要，以培养一线人才岗位能力为中心来构建理论教学体系和实践教学体系。而我们目前的一些高职院校过分强调学科体系的完整，有的院校在设计课程体系时，变成了本科的"压缩饼干"。在思想观念上，学科本位观和唯一层次观较重，在一定程度上影响了高职教育的办学水平和教学质量，使培养的人才达不到社会的要求。

（二）政策不配套，措施不得力

发展高等职业教育既要提高认识，增强自觉性，还要靠正确的政策、措施来推动，而我国在这方面还显得相对薄弱。从政策方面看，国家加快高等职业教育发展的政策法规还有待进一步完善，如《中华人民共和国职业教育法》规定："企业应当承担对本单位的职工和准备录用的人员进行职业教育的费用。"但目前尚无具体操作的实施意见和办法。地方发展高职教育的实施意见和办法还未与国家的政策法规配套，有的地方高等职业院校的年生均教育经费得不到保证，毕业生的就业与使用与普通高校毕业生不能一视同仁，高职院校毕业生好像有点"低人一等"的味道，影响了高职院校毕业生在人才市场的竞争力。

（三）办学的整体条件较差

根据教育部 2000 年 3 月颁发的高等职业学校设置标准，2001 年对某省 30 所职业技术学院进行的统计分析表明，只有 20% 的高职院校能完全达标；在未达标的高职院校中，90% 的学校是因为占地面积、生均教学行政用房、仪器设备及图书资料不符合要求，到目前为止，这个问题也未从根本上得到解决。造成这种状况的原因，一是经费严重不足。许多学校仅有"人头"经费，没有专项的专业费、基本建设费。二是学校使用经费不合理。用于教学及基本建设投入比例过小，且使用缺乏计划性和科学性。三是高职院校办学的门槛过低，把关不严，生源质量较差。2000 年高职学院的审批权下放到省（市、自治区）政府后，更加放宽了申办高职院校的政策，高职院校的规模和数量更是呈直线上升。有的省市一年就批准建立了 20 余所高职院校，严重影响了院校的办学条件。

（四）教学方面理论与实践脱节，忽视学生人文素养和健康心理的培养

由于高职教育高等学历教育起步晚，故教师在教学上更加沿袭了普通学历教育的教学方法；同时对高职教育所界定的"以技术应用"为主，理论"必需、够用"的原则作简单片面理解，致使教学和研究的学术性不强；再者，教师对生产、社会实际了解不够，缺乏实践经验，造成理论和实际脱节。此外，高职教育由于更多地关注学生专业能力和技术应用的培养，从而忽视了一些非智力的、非技术性的因素，如价值观念、道德水准、意志品格、心理情感等。学生的德育目标要求过低，人文素质不高，过于彰显个性，以致缺乏合作意识和合作能力。

（五）缺乏鲜明的办学特色

办学特色是办学质量的灵魂，没有高职教育特色，就没有高职教育质量。目前仍有相当一部分高校的办学缺乏明显的特色，主要原因有三：一是有些高职院校的领导思想上不愿真正与高职教育为伍，鄙视高职教育，仍然热衷于办成本科压缩式的所谓"学术性"专科，借此提高自己的身价。因而，在教材使用、教学内容、教学方法和手段上都仿照本科的，这又怎能办出高职的特色呢？二是有些高职院校不遵循高职教育的办学规律，没有抓住高职教育的本质特征，把高职教育办成了"四不像"；三是有些高职院校缺乏责任感，在教学及管理上图应付，更谈不上进行教学改革了。应该说，高职院校要以服务地方经济为目标、以就业为导向，要以特色立校，缺乏特色是办不好高职院校的。

（六）教育质量不高，就业渠道仍然不畅

教学质量是衡量一个学校办学水平与管理水平的综合指数。在充分肯定高职教育为我国经济建设培养了大批人才的同时，我们也应清醒地看到，高职教育教学质量整体上还是偏低的，就业渠道也不十分通畅。主要表现，一是学科专业建设水平不高；

二是理论脱离实际；三是师资力量相对薄弱，其所造成的影响之一就是就业率偏低。当然就业率低与学生的择业观也有一定的关系，但不是起决定作用，最重要的原因应该是高职教育的教学质量不高，培养出来的学生整体素质偏低。

第二章　新时代高等职业教育课程改革

课程及实施是高等职业教育目标的实现途径，高等职业教育课程改革是高职教学改革的核心，是高等职业教育改革和发展微观层面的关键问题。在继承高等教育课程共性特征、深入分析高等职业教育课程的个性化要求的基础上，近年来，高等职业教育界在课程改革领域作了积极的理论研究和实践探索，形成了大量研究成果及宝贵的实践经验。但是，我国高职教育课程改革还不深入，尚未形成符合我国高职教育实际的成熟的高职教育课程模式。本章概述了高等职业教育课程改革的基础问题，分析了高职课程改革的基本理念及理论准备，探讨了高等职业教育课程模式及改革方向。

第一节　高等职业教育课程改革

一、课程与高等职业教育课程

（一）课程

课程是一种培养人的总体设计方案。从狭义上来讲，课程是指遵照教育目标指导学生进行的学习活动，并按预定的教育目标编制教学内容，它主要体现在教学计划、教学大纲和教科书上。从广义上来说，课程是指学生在学校获得的全部经验，其中包括有目的、有计划的学科设置、教学活动、教学进程、课外活动以及学校环境和氛围的影响，也就是说，广义的课程除了学校的课程表所表示的正式课程之外，还包括学生的课外活动及对学生整个学校生活中潜移默化的校园文化中的非制度侧面；不仅包含有书本的知识内容，还包括对学生课内外的各种活动所作出的明确安排。

因此，课程不仅包括学科，还包括诸如各种活动等其他内容，课程也不只是教学内容本身，还有对教学内容的安排以及实现进程的规定，课程不等于教学计划、教学大纲和教材，与"学科""教学内容""教学计划""教学大纲"、"教科书或教材"等概念相比，课程是一个较为广泛的概念。

（二）高等职业教育课程

根据上述的课程定义，我们对高等职业教育课程可以作如下理解：从广义上说，其是高职院校按照一定的教学目的所构建的各学科、各种教育和教学活动。从狭义上讲，是高职院校遵照某种教育目标去指导学生进行的学习活动，并按预定的教育目标编制教育内容。它可分成课程生存系统、课程实施系统和课程评价系统。在当前高等职业教育发展与改革的过程中，课程建设与课程改革是高等职业教育模式的核心内容，不同的高等职业教育模式必然体现为课程模式的区别方面上。

（三）现代高职课程基本构成

现代高职课程由告知性课程、识记性课程、操作性课程三种不同性质的课程多元整合组成。

告知性课程是指与专业相关的一些基础学科与周边学科知识，既与专业的知识或技能有一定的联系，又是相对独立的学科。将这样一些课程内容告知学生，目的在于开阔学生的视野，拓展学生的思维空间，扩大学生的知识面。不少告知性课程知识可以通过大众媒体来学习，关键在于教师需提供相应信息，其中包括选修课程和素质教育隐性课程。

识记性课程是指通过学习为学生奠定必备的文化知识和专业知识基础的课程。高等职业教育的根本任务就是培养专门人才，而专门人才首先必须要具有比较厚实的专业理论知识，并在此基础上培养出专业所必须具备的技能和相关能力。识记性课程大多数涵盖的是某一专业的基础知识，如专业学习必须熟记的法规、规范、条文、定律、公式及工作程序。如果学生不牢牢掌握，将导致缺乏专业基本常识，更谈不上专业能力及其运用。

操作性课程是指那些必须落实在实际操作应用方面的课程。应用型人才是高等职业院校的培养目标，它必须通过学生熟练掌握职业岗位（群）所具备的能力与技能来实现，这是操作性课程的主要任务。操作性课程是高等职业教学区别于一般院校教学的特色之一，应用型人才培养要靠这一层面课程的教学与实训落实。此类课程除了在学校实训与企业实习外，公共技能训练中心也可以提供大量现代仿真技术训练。

（四）现代高职课程的基本特征

1. 高等性特征

高等职业教育属于高等教育范围，故其课程不仅应具有高等教育相应的课程特征，更要有适应时代特征的素质教育内容，从而培养出拥有高等教育气质、人格和创新思维能力的高素质人才。

2. 职业性特征

高等职业教育是职业教育，因此其课程的安排和实施都必须以某一职业的培养为目标，并为这一培养目标服务，努力使学生通过相应课程的学习达到相应的职业能力，获得对应的职业资格。

3．能力性特征

高职的培养方向主要是面向基层、面向生产服务的第一线，并培养出实用型、应用型人才。这就要求高职课程结构突出实际应用能力，以特定的能力要求作为教学目标，使其课程体系注重职业能力的培养。这种课程体系更具有针对性、应用性和实践性，它不是按学科体系而是按照职业能力的要求来确定的。

4．实践性特征

根据培养目标，高等职业教育必然重视实践课程的教学，高等职业教育的实践课程包括实验、实训、实习和设计等。高职课程也需具有一定的理论性，但是所要求的专业理论知识是为职业能力的培养服务的，理论知识以"必需、够用和实用"为原则，为职业能力的培养提供必要的理论支持。

5.综合性特征

高等职业教育培养的是现代高技能人才，高职教育绝非一般意义上的职业培训场所，它关注的是学生职业能力的培养，故而高等职业教育课程内容应体现出综合性，培养学生综合的职业能力，这是现代高职课程与传统高职课程的最大区别。

二、高等职业课程目标的来源

要思考高等职业教育课程改革目标，必须研究高职课程目标的来源，这是其理论准备和逻辑起点。高职课程目标的基本来源包括三个方面，即学习者的需要、当代社会经济生活需要和学科的发展，这也是高职课程开发的三个基本维度。

（一）以学习者的需要作为课程目标的基本来源

以学生的需要作为课程目标的基本来源，一直是课程理论的一种显性观点。对高职课程来说，关注学习者的需要，并不意味着是一种简单的特长教育，它已经超越了这一点，也并不意味着课程能够满足所有学习者的各式各样的需要。高职课程如何来满足学生的需要，一条可能的实现途径就是吸纳学生进入课程开发，使学生本身成为课程的有机组成部分，对学生的生活史、文化背景、知识经验、发展需要等要予以充分的关注，甚至把学生看成是知识与文化的创造者。在主体性高扬的时代，高职课程的个性化与人性化的呼声越来越高，这是发展的大趋势。

（二）以社会经济生活的需要作为课程目标的基本来源

随着教育的财富理论逐渐成为现代社会的主流话语，教育被看成是一个关涉国家现代化的重大问题，是一个能有效地增加社会智力资本的庞大产业，直接与物质财富的积累与经济指数的增长相关。与此同时，职业技术教育在很多国家成为经济发展的秘密武器，发展职业教育已经成了一种国家行为。在此背景下，社会经济生活的需要就必然会成为高职课程关注的中心，并开始探索课程现代化之路。目前，国家主流政策更加把社会经济生活作为高职课程开发的重要维度，甚至高等职业教育正在成为社会经济生活不可缺失的部分。对现实中的科学、技术、经济等具体问题的热切关注与处理，无疑是高职课程生命力之所在。

（三）学科与专业的发展作为课程目标的基本来源

专业领域最新的研究成果与操作技法一直是高职课程目标中最为活跃的因素。与一定的职业岗位相关的专业知识与专业技能是高职院校学生进入社会生活的先决条件，它能赋予学生一种实践的力量，使它的行为更富有理性；同时，专业素养与学科能力也一直被看成是高职学生素质结构中的重要组成部分。

三、高等职业教育课程改革目标

从概念上讲，我国的高等职业教育包含"高等教育"和"职业教育"两层含义。高职的"高等教育"性质决定了高职课程应具有高等教育性，也就是说，高职教育课程应具有高等教育课程的共性特征，通过课程的学习，学生应达到高等教育的培养目标，同时高职教育的职业教育性也要求其课程必须较完整的反应职业教育的要求。因此，高职教育课程改革必须研究高职课程的层次定位，必须探寻"高等教育"和"职业教育"的准确的切合点和交融点。

在高职课程改革研究中，其目标定位是最基础最重要的。它直接关系到课程结构、专业口径、人才培养目标乃至教育方法实施等问题。应当说，课程改革的目标定位与高等职业教育培养目标是吻合的。由于在高等职业教育的培养目标上，目前已基本形成了一致认识，即培养生产、建设、管理、服务第一线需要的高等技术应用型人才，是一种能直接上岗的技术性人才，就是俗称的"专才教育"。因此高职课程改革的目标也就定位在专门性与实用性上。这种专才教育对把握高等职业教育具有较强的针对性，也具备一定的操作性。但在当今社会更开放、发展更迅速的情形下，我们不难发现这种目标定位呈现出极大的局限性。首先，从不断发展的社会需求看，这种目标下培养出的"专才"极有可能面临就业难和转岗难的问题。在市场经济条件下，人才流动是通过市场调节的合理配置来实现的，竞争就业和双向选择是人才市场的基本法则。首先，一个知识面狭窄、技能单一的人，即使有较强的专业知识，但因缺乏专业间的横向渗透和伸张，在竞争中也难以占据有利位置。其次，知识经济日渐凸显，高科技促使传统的经济结构、产业结构、产品结构发生重大变革，技术含量日益提升，产业岗位轮换频繁，越来越快的岗位变动和职业流动，需要从业者对不同岗位有更强的适应性，进而教育不仅要有结构性的对接，更应有功能的整合。如果高等职业教育的课程体系在多样多变的社会需求面前无动于衷或束手无策的话，那么高等职业教育本身的生存发展空间就会渐显萎缩。

因此，高等职业教育只有直接有效地介入并服务于经济社会，实现与经济社会的最大限度的协调，才能保持持久的活力。在课程改革目标选择上，不仅要有助于学生树立符合市场机制的就业观念，增强学生的就业素质，又不能以浪费教育资源为代价。通过课程体系改革，使学生既有较强的实践能力，又有较强的就业弹性和广泛的适应性。

联合国教科文组织第十八届大会上通过的《关于职业技术教育的建议》指出："为就业做准备的职业技术教育，应当为卓有成效地、愉快满意地工作打下基础。为此，应当做到：（1）使受教育者获得在某一领域内从事几种工作所需要的广泛知识和基本技能，使之在选择职业时不致受到本人受教育的限制，甚至在一生中可以从一个活动领域转向另一个活动领域；（2）为受教育者从事的第一个工作提供充分的专业上的准备，并提供有效的在职培训；（3）使个人在其职业生涯各阶段都具备可以继续学习所需要的能力、知识和态度。"由此可见，培养适应广泛就业需要的复合型、综合型"通才"是世界职业教育改革发展的潮流。

因此，我们在高职课程改革目标定位上，应充分考虑受教育者能多次就业、转岗的需求，坚持"宽基础、多方向、强技能"的原则。当然这种"通才"目标也并非要面面俱到，它只是相对于"专才"教育面过窄、学科划分过细、课程设置过于单一的状况而言的，是一种在特定领域内的"通才"。通过这一目标，可实现学生"以一技之长为主，兼顾多种能力"，既掌握一类职业岗位共同的专业理论，又能在这些专业理论基础上把已形成的能力在相应职业岗位范围内发生转移，达到上岗无须过渡、转岗不必培训的目的。

因此，当前高职教育的课程体系改革应改变传统的"学科本位"课程观，而是朝"多元整合型"方向发展，形成一种"多元整合"的课程观。

突出专业课程的职业定向性，以职业能力作为配置课程的基础，使学生获得的知识、技能能，真正满足职业岗位的需求。

注重人文与技术科学的结合。基础理论以应用为目的，以必需、够用为度，以掌握概念、强化应用为重点；专业知识强调针对性和实用性，培养学生综合运用知识和技能的能力。

强化学生职业能力训练，综合开发学生的职业能力，强化学生创新能力的培养，提高学生就业上岗和职业变化的适应能力，实现"双证书"制度。

增强课程的灵活性，形成模块化、弹性化的课程体系，适应行业和社会对应用人才规格多变的需求。

第二节 高等职业教育课程改革的理念及理论准备

一、高等职业教育课程改革理念

（一）以市场为导向的职业教育课程改革的理念

高职教育课程必须主动适应市场经济的需求，改变过去以学科为导向设置课程的传统理念，树立以市场经济为导向的高职业教育课程改革的新理念。

高等职业教育的课程改革要紧扣经济发展的基本状况及其发展趋势，要研究人才市场和职业市场的变化，深入分析经济、社会对职业人才培养的数量、规格等方面的客观要求，准确把握高职课程建设的大方向。也就是说，高职课程改革必须以就业市场需求分析为先导，将就业市场需求分析获得的信息作为课程改革的基本依据，市场需求发生变化，与课程相关的要素和教育行动也要随之进行调整，使高职课程改革处于科学的动态过程，以形成高等职业教育课程改革的良性机制。

（二）以素质为本位的职业教育课程改革的理念

职业教育课程改革的理念在 20 世纪经历了两个大的阶段，即"技能本位"阶段和"能力本位"阶段。"技能本位"的理念强调职业教育的课程要与某种或某些具体的职业紧密结合，使学生掌握从事职业工作的具体技能，为学生的就业服务;而"能力本位"的理念强调职业教育的课程要培养学生适应职业变化、就业变动、劳动力流动的能力。前一种理念盛行于 20 世纪五六十年代,后一种理念盛行于 20 世纪末期。从"技能本位"转向"能力本位"，反映了职业教育课程改革随着经济、科技与社会的发展而不断革新、不断与时俱进的规律。

进入 21 世纪，职业教育课程的理念再一次发生了新的变革，由"能力本位"转向"素质本位"，这是在知识经济、全球化背景下产生的一种新变革。"素质本位"的课程理念强调职业教育课程改革在理念上要突破和超越技能、能力的局限，转变为全面提高学生的职业素质，这其中包括科学素质、人文素质、劳动素质和生活素质等，使学生逐步成为全面发展的人，这样的人不仅会工作，而且会生活、不仅有科学素质，而且有理解人、关心人、爱护生命、保护环境、充满人性的人文素质、不仅善于适应职业变化，从而有能力做好工作，而且具有责任心、快乐感、信任感和幸福感，是一个文明快乐的人。所以在职业教育课程改革实践中，要做到在课程门类上使科学、技术课程与人文课程结合，文与理结合，在课程内容结构上使科学技术知识体系与人文价值体系相结合，充分体现两者的统一性。

（三）学生为主体的高等职业教育课程改革理念

现实中的高等职业教育课程明显存在着以教师为主体的理念，这样，学生在课程中的主体地位体现得不充分，使学生只是被动地适应课程、吸纳课程，缺乏主动性、积极性和创造性。所以，要改变职业教育课程中学生被动的局面，使其充满情趣和活力，就必须坚持学生为主体的课程理念。

以学生为主体的课程理念应强调如下几方面问题：第一，吸收学生参加课程改革的决策与设计，使课程改革队伍由现在的用人单位代表、培养人代表（教师等）、管理者代表（行政部门）三结合变为四结合，即加上学生代表。学生代表要参与课程改革的决策过程和设计过程；第二，在课程的编制与使用中，发挥学生的主体作用，让学生参与具体的课程内容编制。在课程编制后，对于课程结构与形式的选择，也要听取学生的意见，适应其需求和特点；第三，在课程计划的实施中，充分发挥学生的主体作用，使学生具有选修课程的权利。这三个方面构成了学生主体课程理念的基本内容，都应在课程改革中体现和落实。

（四）以探究与实践为课程实施形式的高职课程改革理念

传统的高等职业教育课程在形式上主要表现为知识的体系和技能的体系。对这种形式的课程学习主要是教师讲授，学生接受，另外再加一些操作练习或实习。这种课程形式使职业教育脱离职业发展的实际，学生虽然掌握了一大堆知识，但是不会探究，不会操作应用，会动口不会动手，很难适应真正意义上的职业生活。

探究是一种探索，是发现问题、分析问题、解决问题的过程。作为课程实施形式，以引发学生探究活动的原理、方式、方法为理论指导，以学生发现问题为学习开端，以分析问题、解决问题为具体学习过程，以产生更高水平的新问题开启后一阶段的学习，由此形成学习过程中完整的循环闭合系统。在这一系统中，问题是核心，探究是有代表性的学习行为特征。实践则是一种学生动手与动脑相结合，运用知识于实际，或从实际中发现、发展知识的活动。通过实践将学与用完美地统一起来。高等职业教育课程在内容与实施形式上应强化实践环节，这是高等职业教育课程改革的重要理念，也是高等职业教育的本质要求。

（五）以终身学习为导向的职业教育课程改革的理念

终身学习是世界教育改革与发展的一大趋势，更是高等职业教育课程改革的重要方向。终身学习理念与职业岗位的具体要求在表面上没有必然的联系，也就是说，它与职业技能、职业能力不存在直接的关系，它们分属不同的素养层次。良好的职业岗位能力使劳动者能适应目前具体的岗位要求，它可以带动劳动者在工作过程中的规范性和高效率。但从职业生活、职业生涯发展等更高层面上审视，熟练的职业技能并不能保证职业生涯的可持续发展。现代社会，任何生产流程、工作程序都随着科技进步在不断变化，要不断提高劳动者的职业适应性，必须坚持终生学习的理念。高职教育课程改革要坚持终身学习的理念，就必须在培养学生知识、能力和全面素质的过程中，重视学生科学学习方法的掌握，使学生学会学习，终身能够自主学习，不断进步和发展。这就要求在课程中更多地充实有关学习方法、学习策略、学习习惯等内容。

二、高等职业教育课程目标的价值取向

高等职业教育课程目标的价值取向反映了高等职业教育的本质特征和内在要求，蕴涵着高等职业教育的人才规格和质量标准。只有对高等职业教育课程目标的价值取向进行科学、合理的定位，才能增强反省意识，提高制定高等职业教育课程目标的自觉性与自主性。

高等职业教育课程目标的价值取向，大致可分为"行为目标"取向、"生成性目标"取向以及"表现性目标"取向三种形式。高等职业教育培养的是生产、建设、服务、管理第一线的高级应用型人才，这类人才重在"实用"，首先要具备某一职业岗位或岗位群所必需的理论知识和操作技能。因此，高职课程目标的制定是为培养学生掌握特定的职业岗位能力。这种行为能力正是"行为目标"取向的追求所在。"行为目标"的基本特点是目标的精确性、具体性和可操作性，它指明在整个课程活动结束后学生应发生的行为变化，学生应该做什么，要达到什么程度，都有具体的阐明，其关注的焦点是职业技能。"生成性目标"是在教育情境中随着教育过程的展开而生成的课程目标，它是问题解决的结果，是人的经验生长的内在要求。"生成性目标"强调学生、教师与教育情境的交互作用，所以"生成性目标"是教育情境的产物，它最根本的特点就是过程性。"表现性目标"是指每一个学生在与具体教育情境中所产生的个性化表现。当学生的主体性充分发挥、个性充分发展的时候，他在具体教育情境中的具体行为表现及所学到的东西是无法准确预知的。"表现性目标"关注的是学生在课程活动中表现出来的某种程度的首创性，而不是事先规定的结果。由此可见，"表现性目标"的取向在培养学生的个性发展、创造精神以及人格陶冶等方面还是比较适宜。

就高等职业教育而言，"行为目标"有利于培养学生掌握特定职业岗位或岗位群的基础理论知识和基本操作技能，"生成性目标"有助于培养学生解决实际问题的能力，而"表现性目标"则有益于培养学生的创新能力、职业探究能力以及职业道德、个性品质、个人发展等综合素质。传统的职业教育大多采用的是"行为目标"取向，但在现代课程观的视野下，高等职业教育培养目标的基点应立足于学生综合能力和今后的可持续发展方面。所以，高职课程应体现出这种追求，在课程目标的取向上要注重实用性和发展性相结合，注重"行为目标""生成性目标"和"表现性目标"相统一。

三、高等职业教育课程改革应处理好的几大关系

从课程类型结构角度分析，人文型与科技型、理论型与实践型、传承型与创新型等多对范畴所组成的课程结构问题都是高等职业教育课程改革需要综合考虑的问题。总体上讲，各类课程结构要以追求和谐性、均衡性和适切性为要点，即做到各范畴内的课程类型结构能够搭配合理、相互支撑、体现特色的要求。这种对"和谐性、均衡性和适切性"的度的把握，取决于社会需求和学生的工作需求、生活需求、学习需求，由此而产生的培养目标。

（一）文与理的关系：人文课程与科技课程相结合，侧重科学技术

21世纪我国高等教育课程改革重点之一是注重通识教育，职业教育同样必须关注人的全面发展的需要。毫无疑问，高等职业技术教育必须突出技能和技术。高职毕业生主要到生产第一线从事成熟技术，特别是成熟的高层次技术的应用和运作。因此，要强调技术性课程或课程的技术性要点。但在强调"科学技术是第一生产力"的观念的同时，也要积极应答社会发展及人的发展对人文精神的呼唤，强调人文精神的培养，弘扬传统文化，进一步渗透"可持续发展"理念。这是因为高等职业技术教育虽然是以技术为主的教育，但这并不否定进行人文教育的必要性和可能性。尤其在当前世界面临共同难题日益增多和棘手的时期，单纯的科技教育往往只能解决一时的问题，要想从根本上解决问题，则离不开人文教育。通过人文教育，既可以提高学生的科技伦理素质，同时也可以增强学生关心人、注重人的意识，促使他们不断考虑人生的价值与意义，着重为人的生存与发展着想。只有这样，高职教育才能实现其培养目标。

（二）虚与实：理论与实践相结合，侧重实践

高等职业教育应重视理论课程，实现理论的指导作用。高职不同于中职的主要特征之一，就是高职的理论性更强，理论知识起重要作用，或者说高职的技能、技术教育是建立在更为坚实的理论知识之上的。如果从人才培养的层次上讲，高职主要培养技术型人才，那么中职主要培养技能型人才，显然，技术型人才的理论水平应高于技能型人才的理论水平。因此，高职专业培养目标及课程体系等方面都体现出对理论知识及素养的要求，都应注重加强理论课程的设置及教学。

同时，高职课程更应强调实践性，实践性是与理论性相对应的特点，它与理论性相辅相成。高职作为职业教育的一个较高层次，是适应市场需求而设立的一种专门培养高等技术应用性人才的新型教育模式，它仍要遵循职业教育培养人才的一般规律，突出职业教育的"实用""实训""应用"等特点。根据职业技术教育的基本特征，必须针对本地区经济社会发展状况及具体岗位需求状况，加强实践教学，培养急需的应用性人才。因此，高职课程必须以专业实践课程、实训课程为突破口，建立校内外实验、

实训基地，加大实验、实训力度，加大课程改革力度，提高人才培养质量，大力培养第一线的高级应用型、技术型人才。实践课程教学效果如何，是高职所培养的人才是否具备岗位和职业针对性，是否适应经济社会需求的关键所在。

（三）新与旧：基础与前沿结合，传承与创新结合，侧重高新技术和创新

从知识、技术发展的角度看，基础与前沿需要结合。每一门学科在历史发展的过程中就形成了科学技术的基本知识、基本理论和基本方法，构成了学科的核心和基础，在较长时间内稳定不变。因此，教学内容和教材必然具有继承性，这已被长期的教学实践所证明。保留这些传统的基本核心内容，不能视为陈旧落后。但是，必须以最简洁的形式，表达出学科的发展过程和基本理论体系，把侧重点放在从这些基本核心内容出发，有效地引导学生掌握最新的、最先进的科学内容。

从行业、岗位发展变迁看，传承与创新须臾不离。经济、社会发展所显示出的一个主要特点是产业变迁频繁、新技术行业不断涌现，这要求高职把系统的基础知识、技术同最新的前沿性知识、技术联系起来，培养学生从业与转岗的能力，尤其要求从业人员有一定的创新精神和创新能力、创业能力、产品升级换代的能力。而创新离不开教育，课程及其实施是受教育者不断补充信息、知识、提高能力的重要载体。虽然高职强调培养技术型人才，但高职必须在事实上承担起为学生一生发展服务的任务，因为任何一种终结性教育都与终身教育的潮流相违背，都不能适应社会发展的要求。高职课程改革应强调课程的拓展性，强调正迁移性和发展性，为受教育者的生涯发展奠定基础，应该使学生具备不断学习、取得提高的能力。这也是职业教育正由"需求驱动"向"发展驱动"转变及以人为本思想的根本体现。可以说，高职教育必须向促进人的可持续发展方向回归，以便完成一切教育都应该完成的基本任务和目标。

第三节　高等职业教育课程模式改革

课程模式是课程观的具体体现，是具有典型性的、以简约方式表达的、适用于一定环境并指向个性化的课程范式。换言之，课程模式是课程范式的衍生物，是课程范式转化为课程方案的中介，体现课程开发步骤（分析—设计—实施—评价）的具体思路，也是课程方案设计者可仿照的标准样式。因此，课程模式不但是一种理念，还是一种可重复、可核查的具有实际操作意义的课程范式或标准样式。课程模式改革是高职教学改革的核心问题，在高职教育的发展过程中，出现了多种课程模式及相应的教学实践，根据高等职业教育的培养目标和社会发展的客观要求，高等职业教育课程模式改革的方向应是"素质本位"课程模式。

一、有代表性的高等职业教育课程模式

（一）根据课程内容与实践操作的匹配和整合程度以及课程基础理论和应用理论的比例关系，可以把高等职业教育课程分为准备型、交替型、渗透型和双元型四种整合程度由低到高的模式

1. 准备型

准备型也称之为储蓄型，是最为传统的一种模式。这种课程安排的出发点是希望先前的课程可以为后续课程做基础，而后面的课程又可作为毕业之后具体工作实践的准备，这也是传统课堂的经典模式。虽然这种课程设计的出发点是面向实践的，但实际上很容易造成理论与实践的脱离，而受教育者也缺乏实践经验，不能很好地把所学知识应用于实际工作之中，使得课程内容与实践操作的匹配和整合程度都非常低。这种模式在我国目前的高等职业教育中较为普遍。

2. 交替型

交替型即通常所说的"工学交替"课程，这种课程模式在英国有较广泛的实践。这种课程模式采取学习和实践相结合的形式，但交替的周期较长，一般为一个学期，即一学期学习理论，下一学期把上一学期学习的理论运用到实践中去。由于这种模式有即学即用的特点，有利于理论与实践的整合，但是一个学期学习理论、一个学期实践，这样长周期的交替，使得学生在学习的过程中导致知识前后的衔接不好，对以前学习的理论知识复习也不够，学生的知识结构缺乏连续性和系统性。

3. 渗透型

渗透型即把实践渗透到每门课的学习中的整合模式。在这种模式中，每门课程都是理论与实践的结合，并具体划分了理论学时与实践学时的比例。由于这种模式把实践有机地渗透到了每门课程中去，不同于交替型的一个学期学习理论、一个学期进行实践这样长周期的交替，因此克服了交替型的缺点，学生知识结构体系比较健全和连贯，同时也能实现理论与实践充分的结合。但是这种课程模式在具体实施时对教师的要求较高，难度较大。

4. 双元型

双元型即以德国为代表的双元制中的课程模式。这是德国于 20 世纪 20 年代为培养技术工人而开发出来的职教培训模式。该课程模式的特点是专业设置以职业分析为导向；培养目标以职业能力为本位；课程设计以职业活动为核心；课程编制以宽基础面为基点；课程实施以双元合作（即企业与学校的密切合作）为基础；教学组织以受培训者为主体；考试考核以客观等要求为标准。由于其科学合理地将与专业有关的专业知识、专业基础知识以及文化基础知识全部综合在一起，不强调各门学科知识的系

统性和完整性，而是着重于整体能力培养的广泛性、融合性和实用性。所以是一种整合度最好的高职课程模式。

（二）根据高等职业教育课程设置关注的焦点不同可分为知识本位、能力本位和人格本位三种模式

1. 知识本位（Knowledge Based Education）课程模式

知识本位课程模式也称为学科本位课程模式，相当于上述的准备型课程模式，其课程模式关注的焦点是知识或学科，强调知识的系统性和教学的整体型，使学生理论知识掌握得较为全面和系统，也有一定的深度。但是，由于它重视书本知识，理论与实践结合得不够充分，使得受教育者实际操作能力较差，因此，不利于学生的能力培养。

2. 能力本位课程模式

能力本位课程模式意为以能力为基础的课程模式。这种高职课程模式是北美在20世纪40～50年代开发出来的以胜任岗位要求为出发点的课程模式。它有几种不同的方式，其中最常用的开发课程的方法是 DACUM（Developing A Curriculum）方法。DACUM 方法是把每一个具体职业或岗位的全部工作分解成 8～12 项相对独立的工作职责；每项工作职责又可看成是从事该职业应具备的一项综合能力；然后，再根据履行每项工作职责的需要，把每项工作职责分解成 6～30 项工作任务；每项工作任务又可看成是从事该职业应具备的专项能力；最后，根据职业分析确定该职业应具备的各种综合能力和专项能力，开发教学大纲，组织教学内容和教材。这种方法强调学生的主体性和学习的主动性，其教学的单元也是针对某职业或岗位的全部工作中的某个相对独立、完整的部分来设计的。从教育的目标上看，充分体现了以能力为基础的教育理念，教育教学活动的目的性也更为加强。

3. 人格本位课程模式

人格本位的提倡者强调，课程设置的目的首先不应以学生掌握多少知识为主，而是要唤起学生的求知欲；其次是学生所学知识的基础应该是能够发展个人的智慧与创造力，最终使学生在职业生活中完善自己的人格。人格本位的这种观点在终身教育思想逐渐受到重视的情况下，找到了自己的理论依据。尊重学生的学习权、激发要开发人的潜能等都是终身教育思想所倡导的，这种倡导为我们进一步研究高等职业教育课程改革提供了一个很好的理论背景。

二、高等职业教育课程模式改革的方向——"素质本位"课程模式

如前所述，在我国十余年的高等职业教育改革和发展的过程中，通过深入的理论

研究和有效的实践探索，在不断加深对高等职业教育规律和客观要求的认识基础上，总结出了一系列高等职业教育在不同发展阶段富有特色的高等职业教育课程模式。目前，为高等职业教育界广泛认可并接受的主流的课程模式应当是"能力本位"课程模式。这种模式的产生基于对高等职业教育培养目标的理解和实践。现阶段，我国高等职业教育人才培养目标的主流表述是：培养生产、建设、管理、服务第一线需要的高技能人才，应该说，这种目标表述较充分地兼顾了高等职业教育的个性。我国高等职业教育的发展有其明显的社会经济背景，它特别强调"教育的职业性"，到目前为止，可以说，它的人才培养目标更多地受经济规律、市场规律左右，"技能型"、"职业性"培养，目标是其展开完整教育行为的起点和归宿。由此也产生"能力本位"课程理念和模式。

（一）"能力本位"课程模式产生的背景及其局限性

我国高等职业教育是以"能力本位"课程理念和模式为依据设计各教育环节的。首先从人才培养方案的制订开始，专业特点、行业需要是其极重要的依据。在人才培养的过程中，聚焦实践环节，对特定职业岗位要求作细致的分析和流程化的分解，提出对应的技能要求并逐一训练，以期达成学校与就业岗位的"无缝对接"。这种办学理念和模式充分彰显了高等职业教育的特殊个性，也是现阶段高等职业教育的魅力所在。通过近十年的高等职业教育实践，高等职业教育培养了一大批面向社会、经济第一线的技能型人才，促进了社会、经济的发展，开辟了高等职业教育的一片新天地，表现出越来越旺盛的生命力。

我国高等职业教育从 20 世纪末启动以来，恰逢社会主义市场经济体制改革蓬勃发展，作为我国现代高等教育重要组成部分的高职教育，主要负责为社会基层第一线培养生产、建设、管理、服务所需的高等技术应用型专用人才。当市场的价值取向逐步取代原有模式并悄然确立的时候，高等职业教育的价值观念不可能不受其深刻的影响。高等职业教育培养学生掌握职业知识与技能，使学生具有服务社会的谋生手段，因此高等职业教育从它应运而生起就受到了社会的关注，就面临着如何从高等教育中明确分野并焕然独立的苦苦思考与探求。有学者认为，高等职业教育是"在名校林立、社会疑虑、自身嬗变的艰难历程中，逐渐以一种更接近社会需求，更贴近生活实际的亲和力，步入教育的中心舞台"的。因此，高等职业教育的创办者无不宣称其主要办学思路即是培养适应生产建设、管理服务第一线需要的技能型人才。但随着高等职业教育规模的扩大和对社会、经济影响力的增强，在其发展、成熟的过程中，对高等职业教育"能力本位"课程理念和模式的理解中，我们可以提出如下问题：

1. 高职教育是一种特殊的高等教育形式

高职院校并非职业培训所，高职教育也并非单纯的职业训练，对高等职业教育人才培养目标的实践应忠实于教育规律，体现教育的共性要求。在共性要求的背景下思考更贴近社会生活和职业岗位的个性化的实践。也就是说，高等职业教育人才培养目标的个性化实践应服从教育的共性化目标。

2. 高等职业教育"能力本位"课程模式是否完整地体现了素质教育的要求

任何形式的教育都应以提高受教育者的素质为主旨和要义。在人才培养目标问题上，确立何种教育理念是高等职业教育课程模式改革成败的关键。我国高等职业教育从"技能本位""能力本位"向"素质本位"转变是一种必然趋势。传统的"分工理论"，按照职业岗位设置专业，以培养一线人才的岗位能力为中心来决定理论教学和实践训练内容的能力本位模式，既不适应现代社会劳动力流动加剧的变化，也不能培养健全人格的人。同时，那种把高等职业教育看成培养"技术劳动者"的观念已不能适应社会、经济发展的新形势。

3. 学校与就业岗位"无缝对接"的现实性

现代社会，职业岗位和职业生活的创造性成分越来越丰富，职业流动越来越频繁和平常。高职学生走上工作岗位初期，其接受的职业技能训练与职业岗位"无缝对接"是可以实现的。但这种"对接"是短暂的，不能持续的。既然是不能持续的，高职教育就应在重职业技能的同时站在更新的高度实践素质化的课程模式中。

（二）"素质本位"课程模式的基本内涵

教育是培养人的事业，教育的宗旨是提高人的素质，普通高等教育是，高等职业教育亦然。人的素质是一个复杂的概念，有着非常丰富的内涵，笔者无意在此就"素质"作学术性的讨论，但有两点基本的认识：一是就大的范围而言，人的素质可以粗略地从"做人"和"做事"两个方面体现；二是高等职业教育"能力本位"课程模式单纯聚焦的"职业技能""职业能力"不能代表职业生活中人的素质。基于此，笔者认为，从"做人"和"做事"两个角度诠释高等职业教育"素质本位"课程模式是比较清晰和合理的。就操作性的人才培养过程来说，一般认为，"做人"的素质依赖于良好的人文素质教育，"做事"的素质需基于务实的职业技能教育。故，人文素质教育与职业技能教育兼顾高职教育课程模式改革的方向选择。人文素质教育与职业技能教育的和谐统一应是高职院校设计人才培养目标的理论依据，也应是指导人才培养实践的依据。高等职业教育首先是教育、是育人，然后才是职业教育。

教育的首要目的是使人成为"人"，其次才是"才"，而认为高等职业教育主要是传授知识、培养技能，则是一种"技术教育"。实际上这种看法是片面的，它忽视了教育的本质。虽然，培养技术型人才是高职院校的教育目标，但是我们培养的不能仅仅是一个只懂计算机或只会做账的人，如果是这样的话，那么学校充其量只能是一个培养"工具性"人才的作坊。正如杨叔子先生所言："大学的主旋律应是'育人'，而非'制器'，是培养高级人才，而非制造高档器材。"高职学校在授予学生现代科学知识、技能和理论的同时，应对他们进行有效的人文素质教育，提高他们的道德水平，教会他们做人之道，使他们真正成为心智与人格全面发展的有用之才。"能力本位"课程模式特别强调"教育的职业性"。因此有专家认为，重技术教育、轻人文教育是我国高等职业教育的天生缺陷，加之近年来日益加剧的就业压力，使得我国的高等职业教育将本应综合培养"人"的教育问题过分聚焦于培养单纯的职业技能。这与"教育的对象是人"这一根本要义相悖。我国的高等职业教育在这一背景上运行，势必导致培养目标的单一化，教育的功利化，结果必然造成学生的片面发展。带来这种弊端，我们认为主要有两个方面的原因：一是对职业教育个性的过分关注。职业教育的"职业性"只能在"教育"的背景上展开，"职业性"的前提应是"教育性"。二是对高等职业教育"以就业导向"的错误理解，"以就业为导向"实质上是关注职业需求，按照职业需求设计高等职业教育人才培养方案和具体的教学运行，这种理念和思路体现了高等职业教育的特殊规律，也是高等职业教育的特征所在。但现实的高等职业教育实践对"职业需求"做出了片面的理解，职业技能只是职业需求的一方面，职业需求的另一方面是职业岗位所要反映的社会文化内容，具体体现在劳动者身上，就是指其人文素质。由此可见，高等职业教育的培养目标不应单纯地体现为培养会做事、能做事的人，"做人"是"做事"的基础，"做人"和"做事"应是高职学生应具备的双重素质，即"人事相宜"，两者不可偏离。

高等职业教育作为教育体系中相对独立的系统，是以行业和职业需求为主要价值取向的，故"职业化"意识和技能就成为高等职业教育的重要目标。以国际通行的概念分析，职业化的内涵至少包括三个方面：一是以"人事相宜"为追求优化人们的职业生活，二是以"创造精神"为主导开发人们的职业意识，三是以"适应市场"为基础培养人们的职业道德。对于职业资质来说，包括职业岗位需要的和任职者供给的知识、能力素质结构以及两者的相宜，都体现了对技术和人文素质的具体要求。因此，"人事相宜"应是职业化的基本准则，它既关注职业能力的重要性，又没有将职业能力视为职业岗位对人的静态和被动的要求，而是从人与职业的相互关系上，高度重视人的主体性和能动作用。人对职业的社会、审美和经济及自我价值的体验都会直接或间接地影响到职业能力的发展，以至于直接或间接地影响人与职业岗位的相宜程度。

综上所述，高等职业教育"素质本位"课程模式并未忽视职业能力教育，相反，它是以一种更牢固、更稳健、更人性化的方式推进职业能力教育。基于这种课程模式而展开的高职人才培养活动才贴近真正意义上的职业生活，也才能培养出"人事相宜"的现代职业人。

第三章 新时代高等职业教育专业设置

专业设置是高等教育部门根据学科分工和产业结构的需要所设置的学科门类。它规定着专业的划分及名称,反映所培养人才的业务规格和工作方向,甚至直接影响到招生、就业和教育质量的评估。高职院校作为培养适应生产、建设、管理、服务第一线需要的高级技术应用型专业人才的场所,培养目标的性质决定了高职院校在专业设置上有其特殊性。从我国高等职业教育的发展可以得知,高职教育的专业结构受方方面面的制约和影响,但最主要的是受经济结构变化的制约。可以说,经济结构直接决定高等职业教育专业结构的调整与改革的方向,因此,高等职业教育专业的设置既要考虑高等职业教育自身规律与特点,又必须与社会经济结构,特别是产业结构和技术结构的不断变化和调整相适应。根据专业设置的内涵,我国高等职业技术教育在专业设置的内容、原则和设置依据上与传统普通高等教育相比,都有其特殊的地方,本章就高职教育的专业设置进行分析和研究。

第一节 高等职业教育专业设置的主要特点

我国普通高等教育的专业设置是以学科为基础的,在本科专业课程中,一般都给出每个专业依托的主干学科和应开出的主干课程。高等职业教育的专业设置不能等同于普通高等教育,必须有自己的特点,这也是高等职业教育办出特色的关键所在。一般来说,高等职业教育的专业设置有以下一些特点。

一、"实用性"特点

高职院校的专业设置不仅受到地方经济发展的影响,还受到毕业生选择职业需求的影响。高职院校的专业设置除了要考虑经济发展的需要以外,还要考虑毕业生的择业需求和就业的可能性。由于我国人口基数较大,近年来劳动力市场达到饱和状态,高等教育大众化的实现,又使大批经过高等教育的高素质人才,其中包括高职人才一毕业就面临着激烈的竞争,因此考生在选择学校、报考专业时,不得不考虑三年后的就业问题。人才市场需求量大的专业生源较好,反之则较差。在市场经济条件下,作为非义务教育的高等教育，学生在校期间进行的教育投入必然会考虑到其所学专业在毕业后是否具有竞争力，所付出的学费是否值得。所以高职院校的专业设置要考虑到毕业生的就业要求。

二、"地方性"特点

高职院校从建立之时起，其办学宗旨就是面向地方，为地方经济建设培养急需的生产、建设、管理、服务的一线人才。因此，高职院校在专业设置上要考虑地区经济发展的职业需求。高职院校在对服务区域的微观经济环境进行充分调查研究的基础上，针对地方具体的经济建设、地方岗位群对人才的需求来设置专业，所设置的专业贴近地方经济发展需要，依托地方资源优势，围绕地方支柱产业，培养地方急需人才，充分体现在专业设置上的"地方性"特点。

三、"速变性"特点

高等职业教育培养的是生产、建设、管理、服务第一线的高级技术应用型专门人才，他们将直接和生产相结合，因而受经济形势变化和经济结构调整的影响大。随着21世纪知识信息时代的到来，从全世界的趋势来看，第三产业持续上升和第一、二产业的延缓增长，传统工业如钢铁、冶炼、采掘等行业日渐收缩，而一些科技含量较高的新行业及餐饮、旅游等服务性行业对人员的需求日渐扩大。随着新岗位的不断涌现，岗位技术含量要求也愈来愈高，要求高职院校在办学上要有鲜明的时代特征，即高职院校在专业设置上必须符合新行业、新岗位的需求。高职院校必须去除一些传统的旧专业，设置一些符合新时代人才需求的新专业，以适应变化了的新形势。这既是其活力所在，也充分体现高职院校在专业设置性上的速变性特点。这一特点是由其在人才培养目标上必须以满足社会需求为目的的性质所决定的。

四、"灵活性"特点

高职院校专业设置的灵活性是指其在具体实现培养目标的年限、途径与手段等方面，有较大的灵活性与自主权。由于高等职业院校的专业根据职业岗位设置，不同岗位的人才有不同的规格与技术要求，而不需要像学术性教育那样，学生要有较强的理论基础和学术水平。因此，高职院校专业设置在以下几个方面显示出较大的灵活性与自主性：一是从专业年限上来分，根据专业不同，周期可长可短，可以2年或3年；二是在学习方式上，根据学生具体情况，可以实行全日制，也可以实行函授、业余等学习方式；三是在学历要求上，可开设国家承认并颁发学历资格证书的专业，也可开设地方企事业单位需要的、不颁发学历只发结业证或培训证的专业。这些相对于普通高等院校而言，都显示出其专业设置上具有较大"灵活性"的特点。

五、"宽窄并存"特点

高等职业教育曾一度把专业设置的针对性强且作为特色。随着时代的发展，社会职业岗位的外延和内涵的不断拓宽，单一的职业教育与训练已不能满足社会发展的需要。高职院校在专业设置上越来越呈现出"宽窄并存"的特色，甚至出现了宽广化发展的趋势。其中主要有三个方面的原因：

第一，科学技术的发展，使职业岗位的变更周期越来越短，也使职业岗位的知识内涵和技术含量更加丰富，职业分工也日渐出现综合化的趋势。如会计人员既要求懂专业，还要求懂一定的财务管理知识和计算机知识；导游既要懂专业，又要懂外语；法官既要懂法律知识，又要求懂一定的外语和管理学知识，从而使得既懂专业，又懂一定相关专业知识的毕业生就业竞争性强，上岗适应快。

第二，人才流动的自由化与职业观念的转变，使宽口径专业的毕业生有了更大的择业范围。一方面，随着我国人事制度的日渐完善，人才的流动更加方便、自由；另一方面，随着技术和社会岗位变化速度的加快，使越来越多的人认识到人的一生中已不再可能永远从事一种职业（个别除外）。比如，美国在近五年中有7000多个岗位消失，又新增38000多个岗位。随着职业的变换，工作岗位的异动，专业范围越宽的学生择业的机会更多，变换岗位的可能性也就更大。

第三，专业口径的"宽窄并存"，相对于过去强调针对性而言，虽然对某一专业岗位来讲针对性减弱，但以满足社会需求，培养"下得去、留得住、用得上"的这一服务角度而言，又有其可行性，对考生也有较大的吸引力。近年来，许多高职院校在专业设置上，突出"宽窄并存"的特点，取得了较好的成效，走出了一条专业设置上的成功之路。

六、"复合性"特点

专业设置的"复合性"是与"宽窄并存"相一致的。由于新岗位的出现引出新的专业，而新专业的成熟与壮大往往需要较大的资金投入与较长时间的开办，常常一个新专业走向成熟，这一类人才在地方上已经饱和，经费的紧张与师资的紧缺也使新办专业难以在短期内办出质量，办出水平。因而，高职院校在专业设置上，可以充分利用已有的资源优势实行专业复合，它可以是不同专业复合成新专业，也可将专业知识与专业技能复合。这样既节约人力，又不浪费资源，开创出高职院校专业设置的一条崭新的途径。比如，会计电算专业，就是传统的会计专业与计算机应用技术复合而成，既拓宽了专业口径，又适应更大范围岗位的需求；再如经贸外语专业，是经济专业与外语专业的结合，使毕业生所学内容更广、更宽，同时也拓宽了择业领域。

第二节　高等职业教育专业设置的基本原则

高等职业教育在进行专业设置时，不仅要考虑高职教育在专业设置上的六个特点，还要考虑学生的培养规格，学校的投资与效益，学校未来的发展等重大问题。因此，要想使专业设置更加合理化、科学化、规范化，还应该遵循专业设置的一些基本原则。

一、方向性原则

方向性原则是指在高职教育的专业设置中，必须坚持社会主义方向；必须以党和国家及人民的根本利益为前提；以服务地方经济为出发点；以培养社会主义现代化建设事业需要的，适应生产、建设、管理、服务一线的人才为着眼点；以有利于社会主义物质文明和精神文明建设为依据，坚持社会效益第一，坚持社会主义的办学方向。

第一，专业设置必须符合国家的利益和人民的利益。我国的社会职业有着明显的社会主义性质，是为社会主义物质文明和精神文明建设服务的，是以国家和人民的根本利益为衡量标准的。凡符合社会主义原则，符合人民利益，职业一律不分贵贱，不分高低，国家坚决提倡；凡带有资本主义腐朽没落性质的一些职业，国家则会明令禁止。高等职业学校的专业设置必须以上述要求为原则，决不能背离社会主义办学方向，损害广大人民的根本利益。

第二，专业设置要符合我国"安定团结"的方针。国家稳定，社会稳定是事关大局的原则问题，也是进行社会主义现代化建设的前提条件。只有保持我国社会的安定团结不受干扰，才能使我国的现代化建设事业实现跨越式发展，赶超世界先进水平。近年来，由于我国在经济发展中实施了经济体制转轨和区域经济推进等一系列改革措施，使我国社会经济始终保持了较快的发展速度，因此，综合国力明显增强。但也由此带来了城市职工失业过多和地区经济发展不平衡等问题。而及时解决这些在改革中出现的新问题，成了我国实现安定团结的当务之急。在这样的背景下，高等职业教育的专业设置就必须从国家安定和民族团结的大局开始，根据下岗职工再就业的需要，根据西部大开发战略的需要，开设一些适应边远地区、民族地区、革命老区的专业，为西部大开发培养人才。

二、需要第一的原则

高职院校的专业设置，首先要考虑的是依据社会对人才的需求来开设专业，以市场需求为出发点、立足点，切不要以学校学科水平和师资力量来设置专业。美国、澳大利亚、德国，我国台湾地区高职教育较成功的经验之一就是大量开设社会急需的专业和课程，及时培养社会紧缺人才，提升较高的就业率。要想对社会需求做出客观、公正、科学的判断，高职院校可聘请本地区企事业界的专家或经济理论专家，组成专业委员会或社会调查委员会，了解本地区现有岗位（群）技术人才的需求状况和社会经济发展趋势，并对这些数据、情况进行分析论证，预测未来几年所需人才的层次、规格和数量，然后再决定专业的取向和专业的设置。例如深圳职业技术学院在20世纪90年代初，根据市场需求，没有开设一般的商业管理专业，而是针对当时深圳商场建设速度快、规模大，商场管理人才缺乏的状况，首创商场管理专业，及时地满足了社会的需要，受到了用人单位的欢迎。长沙民政职院所开设的殡葬管理专业，天津职业大学的眼镜专业等，都体现了专业设置上的"需求第一"的原则，成功地实现了经济社会发展需要与高职教育的有效结合，体现了高职教育为经济社会发展服务的宗旨。

三、条件可能的原则

需求与可能是做任何事情均须遵循的原则。专业设置也是如此，在强调需求的同时，也必须考虑可能，即专业设置条件的具备情况。教学设施、教学设备和教师等自身条件，是专业设置的物质基础，也是实施专业计划、实现培养目标的前提。如果不顾学校的条件而盲目设置专业，不仅难以实现培养目标，无法形成办学特色，而且可能影响专业的生命力，使学校陷入困境。当然，暂时不具备条件，也渐渐充实和完善。但是，如果原本就不具备条件，经过短期努力仍然达不到，那么，即使所开的专业社会非常需要，但培养出来的人才素质低下，最终可能被社会所淘汰。一般来说，专业的设置至少应具备以下几个条件：

第一，合格的专业师资队伍。合格的专业师资队伍是专业教育的保证，也是专业设置必须考虑的重要条件。教师不仅要有质量、数量的要求，即要达到《中华人民共和国教师法》规定的资格要求和按师生比要求的数量配备，而且还必须在年龄、职称、学科、学源等方面形成合理的结构。设置一个专业要有专业或学科领导人，要有若干名专业教师、实习指导教师、"双师型"教师以及必要的文化课教师，使师资队伍的数量、质量、结构、水平与所设专业的招生规模相适应。

第二，完整的专业教学设施。教学设施是实施专业教学的物质条件。设置专业时，就必须考虑到要有符合规定标准的教学场所，有与专业相应的教学设备、实验室、实习基地，以及进行实训教学、电化教学、计算机教学等需要的教学设施。

第三，完备的专业教学资料。教学资料是进行专业教学的必备条件，也是指导、检查、评估教学质量和人才培养质量的重要依据。因此，专业设置要有必要的教学文件，其中包括专业指导性教学计划、理论课教学大纲、实践课教学大纲及指导书和任务书，同时还要有教材讲义、教学资料、图书资料和电化教学资料等。

第四，必要的专业教学经费。专业教学经费是保证专业教学活动和购置专业教学设备的必备条件。专业设置要有一定的开办经费和稳定的经费来源，以保证正常的教学活动和专业培养目标。

四、科学规范的原则

科学规范是指专业设置不仅要符合经济社会发展的规律和职业教育内部规律，而且还要符合专业目录的要求。按照科学规范原则设置专业，可以减少盲目性和随意性，提高可靠性和实效性。遵循这一原则要做到三点：

第一，专业设置要科学布局。专业设置既是每个学校的个别行为，又是一种社会行为。专业设置是否合理，不仅关系到一个学校的生存发展，而且关系到一个地区的产业结构调整和经济的有效发展。因此，为了使每个专业设置在整体结构上布局合理，既需要学校进行社会调查，获取可靠的信息，按需而设，也需要地方政府发挥作用，加强宏观控制，进行人才预测，实施指导与引导的作用。

第二，专业划分要科学。专业划分应按产品结构、生产过程、工艺特征、职业岗位群的需求来划分和设置。要宽窄适度，既要考虑职业的针对性，又要考虑就业的适应性。如果专业划分得过宽，边际模糊，内涵不清，不仅会影响学生主要专业知识和专业技能的学习，而且影响学生毕业后在人才市场被有针对性地录用；如果专业划分得过窄，是针对某一职业或岗位，而不是一群职业或岗位，这不仅会影响学生相关的、通用性的专业知识的学习，难以形成强有力的基础能力和发展能力，而且在不能实现对口就业时，就会失去相关职业或岗位就业的机会。所以，专业划分一定要科学。

第三，专业名称要规范。专业名称要规范，是指所设置的专业，其名称要科学，要规范，要符合专业目录的要求，要有国内外的通识性和通用性。专业名称是专业内容的另称，一定要让人们"顾名思义"，见到名称，就要能基本把握住内涵。2004年10月，教育部已经颁布了《普通高等职业教育指导性专业目录》。因此，高职院校设置专业时，其名称要依据已有的专业目录，使其科学、规范。当然，随着科学技术的发展和产业的变化与升级，岗位与职业的变更速度也将越来越快，新的职业岗位将不断涌现，时时都会要求修改原有的专业目录。因此，高职教育的专业名称既要遵循已有的专业目录，又要不为已有专业目录所约束，能随着社会的发展予以及时地调整和补充。

五、适度超前的原则

高职院校专业设置的适度超前原则，是指在专业构建上，既要适应当前岗位（群）对技术应用型人才的需求，又要有长远眼光，走在经济建设前面，专业设置必须有超前性。这是因为某些行业、岗位（群）当前这一时期可能是经济发展的急需，但几年后可能因需求饱和而受到冷落；另外有一些行业、岗位（群）当前可能不受重视，但几年后就会成为急需人才的行业、岗位（群）。因此，高职院校设置专业时，一方面要对未来几年的行业需求做出综合分析，做出科学的判断；另一方面还要考虑到新专业建设的周期性。任何一门新专业的建立都有一个成立、成长、成熟、衰落的周期。只有将两方面因素结合起来，设置专业时才能做到有的放矢，避免人才的闲置和浪费。"适度"应和学制相对应，比如新办三年制专业，就要使三年后岗位需求时机也能基本到来，学生正好施展自己才华。而对于一些预计数年后可能被淘汰的专业，也要敢下决心，及时调整，避免教育资源和人才的浪费。当前，要对未来社会需求做出科学预测，从而开设出越来越合理的新专业，以满足未来社会发展的需求。

六、校企结合的原则

由于我国办高职教育的历史较短，所以在办学条件、师资水平上与普通高等教育比有一定的差距。虽然近年来高职教育在办学形式上、办学投资渠道上出现了多元化趋势，也出现了一批专业水平较高、办学规模较大、实力雄厚的院校。但总体而言，要想实现专业设置的"速变性"、"灵活性"、"地方性"等要求，更好地满足地方经济社会的发展需要，仅靠高职院校自身的努力，还有较大的困难。高职院校要树立"大系统教育观"的理念，创造条件，充分利用社会中一切有利于高职教育办学的资源（主要是师资、实训场所），不求所有，但求所用。不能坐等经费、师资、实训场所都完全具备后才设置专业，这样会贻误战机，影响学校的发展。高职院校与企业（行业）相结合，实现资源共享，是企业发展的需要，更是学校发展的需要。专业设置的校企结合原则必须强调两方面：

第一，企业和学校组成专业指导委员会。专业设置前，要由学校相关人员和企业（行业）有关人员共同组成专业指导委员会，实现人力资源上的校企结合。专业指导委员会对专业的设置进行充分的论证，并讨论制定专业教学计划，确定课程体系，确保最终培养出合格的专业技术人才。

第二，专业的教学与管理中实现校企合作。这是指在专业开设后，要聘请校外的有关专业人员和管理人员作为该专业的兼职教师或实践课指导教师，参与专业的教学、管理与运行。这样，专业设置在资源共享、优势互补、互惠互利的基础上，实现校企结合，将会从始至终贯穿于整个教学过程，并最终达到预期目的。

七、效益最大的原则

效益最大原则是指专业设置要力求体现集体化与最优化的资源配置，以最少的投入培养最多、最好的人才，求得专业教育的高效益。在一定的教育投入和运行成本的前提下，力争取得专业教育的最高效率、最佳效果和最大效益。

第一，要拓宽专业的服务范围。设置专业既要为企业、行业培养人才，又要为区域、地区经济的发展培养人才，尽量扩大专业的服务范围，满足更广泛的社会需求。在专业设置中，要克服门户之见、部门利益，树立全局观念、整体意识，使专业在广泛的社会服务中获得最大的效益。

第二，要增强专业的服务功能。专业设置不仅要发挥培养专业人才的基地作用，而且也应使其成为生产、科研、技术服务的综合实体。产教结合、产学研结合是高职教育的基本途径，也是提高应用型人才培养质量的重要保证。专业教育只有将育人、生产和科研、技术服务结合起来，发挥其多方面的功能，才能产生更好的社会效果。

第三，要适度扩大专业规模。专业一旦设置，就要适度地扩大招生数量，形成一定的规模，尽量提高师资、设备、设施的利用率，降低成本投入，加快人才培养。在高职教育国家财政拨款十分有限的情况下，生源成了教育经费的一个重要来源。当然，扩大招生规模的前提是要在师资、设备设施等方面能满足需要，且扩大规模不能影响教学质量，一定要适度，要努力处理好规模与质量、效益、结构几者之间的关系。

第三节 高等职业教育专业设置的依据及程序

一、高职教育专业设置的依据

（一）社会职业分类和人才需求论证是专业设置的主要依据

职业教育必须根据社会职业的分类和社会对人才的需求来设置专业。因此，了解职业的分类和对人才需求做出科学论证是设置专业的主要依据。

1. 研究社会职业分类的变化

会计是一种社会职业，但其分类多种多样，根据其业务能力和职务权限不同，可以分为会计员、会计师、注册会计师等。在发达国家，一般一个专业要覆盖若干职业岗位，其中属于高职教育的有 1300 多个职业岗位。面对纷繁众多的职业岗位，高职院校在专业设置时，要注重教育的效益性和教学的稳定性，对那些覆盖面较广、生源较充足的，能兼顾教育效益和教学稳定的职业，设定相应的专业。比如说会计、计算机应用、办公自动化等专业。

2. 对人才需求做出科学论证

要对社会发展背景（包括社会总的需求情况，经济社会发展需要及本地区支柱产业、经济发展规划等）、行业背景（包括现有行业运行状况、技术人员的数量和结构，以及对本专业人才的需求量等）进行充分的调查研究和科学周密的计划，并组织专业委员会对人才需求和设置专业的必要性与可行性进行充分论证。

（二）教育资源是否具备是专业设置的重要依据

教育资源包括物质资源、财力资源、人才资源等，具体又包括师资条件，教学设施、设备等，这是专业设置的基础和重要依据，并直接影响专业设置后的建设水平和质量。随着高校扩招，高等教育大众化趋势加快，各高等院校都在寻求规模效益，并想方设法设置许多新的专业，专业申报并力争成功成为，每个高校的一个重要工作。对这一做法我们不能否认，但目前的问题是许多学校在申报设置新专业时，没有充分考虑这个专业的一些必需条件，如师资、教学设施等，从而导致许多专业开办后遇到许多实际的问题，不能保证专业人才培养的质量，学生也会产生不满意见。鉴于此，笔者认为，设置专业时要注重以下几个问题。

1. 提前做好师资准备

设置一个新的专业首先要考虑这个专业是否有基本的师资条件。当然允许有适当的缺额，这缺额的师资可以通过引进、聘任、交流等方式解决。但自己还得有一支相对稳定的师资。在平时工作中，要注意师资储备，创造条件，鼓励教师深造与自学，完善和提高教师的知识结构，加强继续教育，倡导终身教育，引导教师们接受继续教育时要考虑与社会在相关领域的发展相结合，与将来要设置的专业相结合，提前做好师资的准备。

2. 预先制定教学计划

拟设新专业通过后，要着手制定教学计划。教学计划的制订要以职业岗位（群）要求学生具备什么样的职业能力为出发点，为学生设计一个能够向多个方面发展的专业知识平台，确定主干课程体系，并选编教材。在设计教学内容和课程体系时，要处理好知识、能力、素质三者之间的关系，以能力培养为主线，理论教学以"必需、够用"为度，加强素质教育。在教学比重上，突出技术应用能力的培养，加大实践教学的比例，为实现培养目标奠定坚实的基础。

3. 建设好实践教学基地

高等职业教育的一个重要特点是注重培养学生的动手操作能力，而实践教学基地正是增强学生动手操作能力的关键所在。实践教学基地分为校内实训基地和校外实习基地，它们是训练学生能力、检验教学的重要场所，是产教结合、技能训练的主阵地。实践教学基地的建设要紧密结合专业培养目标的需要，同时要统筹规划，协调发展，充分发挥企业（行业）的作用，努力增加教学基地的利用率。

二、高职教育专业设置的基本程序

设置一个新的专业必须按照一定的程序，要尽可能减少专业设置的盲目性。一般来说，专业设置必须遵循以下几个程序，高职教育的专业设置也是如此。

（一）进行社会调查

专业设置对培养的人才类型与规格具有明显的指向性与界定性。经济建设和社会发展所需要的各类人才能否得以满足，能否保持有比较稳定的来源，关键是专业设置是否科学、合理，必须进行专业社会调查。进行社会调查的目的，就是要弄清楚经济社会、产业结构、技术结构、就业结构的现状和发展趋势；明确今后一个时期当地的产业政策，搞清楚哪些是主要产业，哪些是支柱产业，哪些是新型产业；还要进行人才资源调查，弄清楚当地人才分布的现状与需求情况，做好人才需求预测。

进行专业社会调查，既要求学校亲自实施，又要求政府和有关部门积极支持。有关部门责任，也有义务设置专门机构进行人才预测，定期发布人才需求信息，为高等职业教育的专业设置提供信息保证和工作方便。

（二）组织专家论证

为了防止专业社会调查中的片面性和认识上的局限性，在确定专业设置之前，必须进行专业论证。论证就是要对所拟设置的专业的必要性、可行性进行科学的分析和集体的讨论。专业论证要在专业设置委员会或专业设置领导小组会议或扩大会议上进行。专业设置委员会或专业设置领导小组成员要由经济界、企业界和教育界的专家组成。专业论证会议要注意倾听经济界和企业界专家的意见。要对社会调查所得到的各种材料，数据和信息进行深入的分析，反复论证，力争得出真实的结论和科学的意见，形成明确的专业设置方向。

（三）进行专业设计

1. 进行职业分析

职业分析是专业设置和课程设计的前提和依据，是当今世界范围内颇为流行的一种先进的专业设置和课程设计的做法。其目的就是在充分了解职业背景的前提下，科学、合理、有效地设计专业培养方案，使培养的人才符合社会职业的要求，实现教育资源的充分利用。

进行职业分析就是要针对职业领域里的工作岗位，首先从职业分析入手，将所有的工作划分为若干职责，每一职责又划分为若干任务，并确定对应于各项职责的综合能力和对应于各项任务的专项能力；然后在对专项能力所需的知识、技能和态度以及工具与设备等详细分析的基础上进行教学分析，形成教学单元，或称谓一个教学模块；最后对这些教学模块进行排序和组合，组成预备课程、基础课程和职业专门课程。

2. 确定专业名称

高等职业教育的专业名称原来没有一个统一的规定，一般是参考普通高校本科目录和中等职业学校专业目录。2004年10月，国家教育部正式颁发了《普通高等学校高职高专教育指导性专业目录》，《目录》对高职高专教育的专业设置进行了较为科学的规范，共分19个大类，78个二级类，532个专业。因此，高职院校的专业设置原则上要按照此《专业目录》的要求规范命名。

3. 设计专业培养目标

专业培养目标是指专业教育的目的和培养要求。是专业属性的具体化，是专业社会功能的直接体现。培养目标是专业设置的出发点和归属，是制订专业培养方案、确定课程设置的前提。专业培养目标是特指专业的具体业务目标，而并非指人才素质的德、智、体、美等诸方面全面发展的总目标。专业培养目标一般包含两层意思：一是职业服务方向，即毕业后的工作岗位；二是社会职业角色。根据布鲁姆目标分类法，不同的专业有不同的培养目标，即使专业名称相同，由于设置的层次与类型不同，其培养目标也有区别。因此，高等职业院校要根据自己的层次、类型，制定好专业培养目标。

4. 制定教学计划

教学计划也叫人才培养方案，是根据专业培养目标而制定的有关课程设置、教学环节、生产劳动、军事训练、课外活动等内容及其顺序、时数安排的教育、教学指导性文件。教学计划"决定着学校教学内容的方向和总的结构，并全面地安排了学校的教育教学活动，体现了国家对学校的总的要求，是学校组织教学工作和各项活动的重要依据"。任何一个专业都必须有独立的教学计划，以体现其具体的培养目标和业务范围。专业教学计划既是反映国家或地区对某一类人才要求的基本规格，也是体现职业学校办学特色的重要方面。因此，职业学校必须制定好每一个专业的教学计划，为人才的培养提供基本的依据。

5. 确定课程设置

课程设置是指对一个专业的全部教学科目、教学内容及其进程所进行的系统组合和科学安排。课程设置取决于专业培养目标和专业教学计划，是为专业人才的培养直接服务的。由于高职教育主要为生产、建设、管理、服务第一线培养技术应用型的专门人才，强调知识、能力、素质的针对性和有机的统一，因此，高职院校的课程设置，不能以学科为中心，要强调"以能力为本位"的课程设置思想。即从职业分析入手，通过对职业岗位群的职业责任、职业任务的分析，找出该职业所需要的综合能力和专项能力，然后，在对每一专项能力所需要的知识、技能和态度以及工具与设置等详细分析的基础上进行教学分析，最终确定设置哪些公共课、基础课、专业基础课、专业课和实践课。

（四）呈报审批

1.学校上报

学校经市场调查、专家论证后设计的专业设置方案，须上报主办单位和省教育行政管理部门审批。其目的就是使在一个学校小范围内考虑设置的专业放在一个更大的视角范围内去权衡，去审视，防止"热门专业"过"热"，"冷门专业"过"冷"，减少不必要的重复，提高专业的社会效益和"寿命"。学校上报的资料要齐全，其中要包括市场调查报告、专家论证意见、专业设计方案和已有的人、财、物等方面的条件以及拟采取的措施。

2.专家评审和实地考察

省级教育行政部门收到各院校上报的专业设置方案后，组织专家对要求所设的专业进行评审并到各院校进行实地考察。既要审查专业设置的合理性和必要性，看社会和行业是否真有需要，宏观布局是否合理。同时还需要审查专业设置的可行性，看学校是否有能力和条件设置这个专业，特别要重点查看师资、教学设施等条件，看能否完成该专业的人才培养任务。必要性和可行性是专业设置中不可或缺的两个重要方面。必要性是前提和依据；可行性是基础和保证。如果某一专业仅是需要与合理，而现实却根本不具备开办这个专业的条件，即使勉强设置，也达不到人才培养的质量。

同样的道理，尽管学校在人、财、物方面一应俱全，有能力和条件开办这个专业，可是社会和市场不需要，培养的人才今后就找不到就业的岗位，如果学校硬要设置，最终还是要被社会所抛弃。对于这两种情况，专家在组织评审和考察时都须放在同等重要的位置考虑，必要性和可行性一方面不具备，原则上都不能设置这样的专业。

3.教育行政部门审批

教育行政部门在组织专家评审考查的基础上，要依据专家的意见，对学校上报的专业进行审核，做出批准或者不批准的决定，并以文件的形式通知到各个学校。

坚持教育行政部门批准制度，是加强专业设置宏观管理的一项措施，是教育行政部门对高等职业教育和社会高度负责所应尽的责任。当然，随着社会的发展，按照《高等教育法》，各高校的办学自主权必须进一步提高，专业的设置与调整可逐步由学校决定。教育行政部门对专业设置的管理，主要限于宏观的引导与调控，并且往往是指导性的，而不能是指令性的。但是对专业设置的宏观管理还是十分必要的。教育行政部门不仅要对专业设置进行审批，而且对专业的撤销行为或重大改动也需进行审批。

第四节　高等职业教育专业设置的方法与要求

一、高职教育专业设置的主要方法

高等职业教育专业设置的方法多种多样，这里就一些主要方法进行介绍。

（一）新专业设置的几种方法

1. 异质设置法

异质设置法，是根据经济建设和社会发展的要求，设置与学校原有的专业性质相比甚远，甚至根本不同的专业。这种设置方法，对满足社会需求，使学校及时地适应经济发展有着积极的作用。同时，在满足学生兴趣，增加学生职业门类的选择方面也有着重要价值。但是，这种方法对教育资源的相互利用率低，教育成本大，教学管理也比较复杂。

2. 同质设置法

同质设置法，是根据已有的专业基础，设置与学校原有专业相近的专业。这种方法能使新设的专业与已有的专业在课程结构、教学组织、师资配备和设备使用等方面有较大的重合度，使教育资源得到充分利用，也能为逐步扩大办学规模，增强办学效果，拓展办学途径奠定基础。

3. 单质设置法

单质设置法，就是一所学校只设置性质相同的若干专业或一个专业。这种设置法能使教育资源具有很强的通用性，使教育资源得到高度的利用。同时，也便于教学工作实施集中统一管理，较快地积累经验，提高质量，形成专业优势，办出专业特色，提高专业的信誉，提高学校的知名度。但是，这种设置法过于单一，面对人才市场的广泛需求，常常无法满足，无法适应。

（二）旧专业拓展的几种方法

1. 延伸拓展法

延伸拓展法，是指在基础稳固、经验成熟、具有优势的老专业的基础上，延伸、派生出一些与老专业性质相近、相关、相接，但在一些主要专业课上有所不同的新专业，形成专业系列或专业群。这种拓展具有较强的继承性和假借性，无须太大的投入，即可收到良好的效果。如在原有的机械专业的基础上，可以向机械制造与控制、机电设备安装与维修等新专业拓展，进而再向数控技术应用、机电技术应用等专业拓展。

2. 复合拓展法

复合拓展法，是指充分利用主干专业的办学条件，设置一些边缘或相邻的专业；或者在老专业基础课的基础上，改变老专业的性质，创办异质性的新专业。如，在会计专业的企业管理、企业财会管理两门学科的基础上，改变老专业的性质，创办异质性的新专业。又如，在会计专业的企业管理、企业财会管理两门学科的基础上，创办市场营销、国际商务等专业。复合拓展法也具有投入少、见效快的特点，可以利用原有的专业，孵化出新的急需专业。

3. 扇面拓展法

扇面拓展法，是指在基础课基本不变的情况下，只是将专业课横向迁移，略加改造与补充，形成市场欢迎的新专业。如，电子技术专业可以改为通信技术、通信运营管理专业、养殖专业可以改造为水产养殖、野生动物保护等专业。

4. 滚动拓展法

滚动拓展法，就是利用专业之间某些交叉性、相近性，而连续不断地开拓新专业，使后续专业与原先专业在质上有一定的变化，但又有某些共性与连续性。如护理专业可以拓展为中医护理专业，在此基础上还可以拓展成老年人服务与管理。这种方法对于将老专业改造或调整成市场需要的新专业，具有明显的效果。

5. 增补拓展法

增补拓展法，是指专业名称不变，只在原有课程的基础上，增添上几种急需课程，以适应就业市场的需要。如，文秘专业，可以根据学生的就业去向和用人单位的要求，加学经济管理、汽车驾驶、商贸英语等方面的知识，形成复合型人才。对一些老专业也可以在原有课程的基础上，增添一些经济类或外语类或计算机类等方面的内容，使学生的智能结构有所改善，成为既有专业特长，又有现代职业能力的劳动者，增强其就业市场的适应能力和竞争能力。

（三）专业调整方法

1. 中心放射法

中心放射法，就是根据社会发展和经济建设的需求，依靠学校的主干专业，放射出与主干专业性质相近的专业。如，化工专业可以辐射出精细化工、生物化工、林产化工等。这种专业调整方法能较好地适应不同行业对同类人才的需求，并使专业既保持相对的稳定，又能灵活变通。采用这种方法，一定要稳定、强化主干专业，使其保持雄厚的实力和潜力，一旦社会有了急需，随时可以放射出来。

2. 基础定向法

基础定向法，就是在专业设置中分两阶段进行：第一阶段（前一年），先按大类划分，不分具体专业，学习公共文化科学知识、专业基础知识与技能，旨在夯实专业基础，拓宽专业面。第二阶段（后二年），根据人才市场的需求，再具体划分专业，定向培养专门人才。近年来我国高等职业学院所探索的"宽基础，活模块"、"一年打基础，两年定方向"就是属于这种方法。其优点是有利于解决人才预测难度大，社会需求变化快与人才培养周期长的问题。这种方法既能对人才市场需求迅速做出反应，不断地派生、分化、拓宽、开发新专业，又能保持专业大类相对稳定，提高教育资源的利用率。同时，它还可以为学生提供二次选择专业的机会，满足学生个性发展的要求。

3. 综合通用法

综合通用法就是借鉴一些国家"通才教育"的做法，根据产业、行业和职业岗位的分类，采用宽而广的综合方式，设置比较宽广的专业。这种方法以宽为基础，以复合型为宗旨，通过设置"宽口径专业"，培养"多专多能"通识型、复合型人才。这是因为未来职业发展将出现一种"边际职业的架构"，所以现代职业所要求的知识和能力结构已大大跨越传统职业所界定的范围。许多知识和技能已不是个别职业的专利，而是许多职业活动与发展的共同基础。由于技术的交叉（如多媒体技术）、手段的交叉（如计算机辅助设计）、工具的交叉（如智能化办公设备），使人才市场出现了要求职业人才具备跨职业的知识与能力。顺应这一形势需要，各高职院校必须考虑使学生尽量掌握一些综合、通用的知识和技能。如湖南益阳职业技术学院设置的家庭经营专业就属于这种形式。学生既会种植，也会养殖，还懂经营，成为家庭生产经营的复合人才。随着科学技术的发展，这种趋势日益明显，如机电一体化，农业中的种、养、加工一体化等。所以，按综合通用方法设置专业，可以为企业（行业）培养复合型人才，能使学生在激烈的人才市场具有更强的竞争力。

二、高职教育专业设置的基本要求

高职院校设置专业时，必须要考虑多方面的因素，如市场、社会是否需要该专业的人才，学校的师资、教学设施设备等是否符合专业开办的要求等。除此之外，科学地设置专业，还要正确处理以下五个方面的关系。

（一）稳定性与灵活性的关系

1. 要保持专业的相对稳定性

专业设置的稳定性是教育规律所决定的，也是经济发展在一段时间内所要求的。专业设置取决于经济发展，经济发展到一定的阶段，其产业结构、就业结构、技术结构就会趋于相对的稳定。这就要求专业也要保持相对的稳定，以确保所需人才的培养。而教育事业的连续性和周期性，也要求专业能相对稳定。一个专业从设计、筹办，到办成规模、办出特色，不仅需要大量的人力、物力、财力，而且需要一定的时间和过程，尤其是师资队伍的形成、教学质量的提高、办学经验的积累和社会的影响，绝非是一日之功,更需要待以时日。因此,保持专业的相对稳定性,是专业设置追求的目标。专业稳定有利于发挥实验、实习基地、教学仪器设备和教材的作用;有利于师资队伍的建设,稳定教师队伍;有利于积累办学经验,办出特色,办出声望;有利于进行科学的管理。

2. 要使专业具有一定的灵活性

专业设置的灵活性是由高等职业教育的特点所决定的,也是经济发展所要求的。稳定是相对的、暂时的,灵活则是绝对的、长久的。因此,研究专业如何在稳定中求灵活,在灵活中求稳定,就成为高等职业教育经常面临的问题。

专业设置多年一贯制,是教育落后于经济,停滞不前的表现。当今社会科学技术飞速发展,知识经济已见端倪,产业结构急剧变化,职业岗位不断更新,这就要求专业设置必须跟上时代的步伐,及时调整、及时更新、旧中求新、稳中求活。保持专业的灵活性,有利于适应经济发展的急需,保持专业教育的活力;有利于更新教师的知识与技术,形成一支专业面宽、素质高、迁移能力强的教师队伍;有利于学校吸引生源,保持学校的稳定与发展。

当然,灵活性不等于随意、草率、盲动,不能只根据零散的信息或凭着感觉,频繁地、摇摆地变换专业。专业变动要有根据,要讲条件,要在相对稳定的基础上,有目的、有计划地进行。如果专业年年变化,频繁更替,既表现出对社会需求心中无数,缺乏远见,也反映了对"适应市场需求"理解的简单化、表面化,其结果必然导致办学无明确方向,难以形成稳定的主干专业、拳头专业。如此一来,教师常常为开新课疲于应付,无法确定发展方向和保证教学质量;学校要为新专业频繁更换设备,造成人、财、物的极大浪费。

(二)战略性与战术性的关系

所谓战略性与战术性是指,专业设置既要立足当前,又要着眼长远,将"现实"与"未来"两个时空维度有机地结合起来,力求两者的统一。21世纪,虽然世界呈现出经济全球化、信息技术数字化、知识经济迅速发展等现代化特征,但我国仍将是典型的"二元经济结构",技术结构也是多层次性,既有现代化技术,又有传统技术。专业设置是兼具永恒性与时代性的教育主题,因此必须处理好两者的关系,既不能脱离现实,要从当前社会的急需出发,又要瞄准高新技术发展的趋势,放眼长远,使专业设置具有超前性、前瞻性。

1. 专业设置必须面向经济建设的主战场

经济建设的主战场,是指我国当前从事精神文明和物质文明建设的各行各业。高等职业教育为社会主义现代化服务,最根本的就是要体现为社会各行各业培养数以千万计的高素质技术应用型人才。因此高职院校的专业设置必须从现实的市场需求出发，面向经济建设的主战场，根据当地城乡经济发展和产业结构调整的需要，有选择地瞄准有关行业和职业领域，设置，能吸收大量专门人才的常规性专业。任何脱离现实的经济建设需求、脱离市场需要、脱离就学者生计要求而主观臆断、一厢情愿式的专业设置的做法，都将被现实所拒绝。所以，专业设置一定要立足当前，把握现实，以人才市场的需求为导向，坚持为社会主义现代化建设服务的总方向，以常规性专业、通用性专业为主体，向国民经济各部门、各行业源源不断地培养和输送人才。

2. 专业设置要面向未来

面向未来是指高等职业教育的专业设置不仅要服务经济建设的主战场，反映"今天"的需要，而且还必须着眼于未来，满足"明天"、"后天"的需求。

21世纪初的我国，在改革开放政策的指导下，经过多年的高速发展，经济上已取得了令世人瞩目的成就，综合国力明显提高。随着加入世贸组织的中国将实施跨越式发展战略，全面推进现代化建设，以超常的速度跻身于世界经济大国之列。可以预料，我国在今后的经济活动中，将更多的是遵循国际规范、符合国际惯例，与国际接轨，将自身融入世界经济中去，成为世界经济不可或缺的重要组成部分。这就要求高职院校的专业设置应将战术性与战略性结合起来，不仅要重视设置"常规专业""通用专业"，强调改造"夕阳专业""传统专业"，还要关注我国现代化建设的重点、热点和前沿，注重"新兴专业""缺门专业"的开发，以适应高新技术产业和新兴行业对人才的需要。同时，还要放眼世界，根据世界经济发展的趋势和人才市场的需求，开发一些"紧跟型"和"超前性"的专业，提高人才在国际人才市场的竞争能力，推动我国的社会主义现代化经济建设服务。

（三）宽广性与窄专性的关系

宽广性是指所设置的专业，专业面宽，口径大，覆盖广，具有较强的综合性、交叉性和复合性的特点。

窄专性是指专业范围较窄，一般按行业、产品、岗位设置专业，具有职业岗位针对性强、技术专深、上手快的特点。宽广性与窄专性是专业设置中的一对矛盾。强调专业的宽广性，主要是为了增强专业的适应性；强调专业的窄专性，为的是增强其针对性。

受科学技术进步和经济体制的影响，专业设置经历了一条"综合——分化——综合"即"宽——窄——宽"的历程。在工业化初期，由于技术层次、技术含量低，此时的专业设置一般都呈综合性、宽广性的特点。工业化中、后期阶段，随着科学技术的进步，社会分工、职业分类的细化，专业设置则出现了细分化、窄专化。工业化后期及后工业化时期，在科学技术日趋综合化的背景下，专业设置呈现出明显的综合化、宽广化的特点。在发达国家的职业教育中，面向较宽广范围的课程结构正在取代那些过分专门的教学内容，其目的就是不再为一种职业或一个岗位做主要准备，而更多地为接受职业教育的人们掌握通用技术奠定基础，培养"多专多能"的人才。在计划经济体制下，职业教育长期按行业、产品、岗位设置专业或工种，专业范围比较窄。近年来，由于科技进步日趋加快，市场经济日臻完善，知识更新的周期越来越短，窄深专业受到了挑战，"专才"容易遭到淘汰，许多企业在用人规格上，已不再欢迎高技能的"专业型"人才，更欢迎手持多种证书，具有较宽知识面、较广泛的职业能力的"通才型"人才。

当然，我国地域辽阔，富源广大，不同地区之间的经济水平和生产力水平有着较大的差异，传统的技术和传统的生产方式，在一些地区和企业仍有较大的市场。握有"一技之长"掌握某种技能，上岗即顶用的专门人才，依然受技术含量低、劳动密集型企业的欢迎。因此，职业教育的专业设置既要讲宽，又要注意窄，以宽为主，宽窄结合。

1. 面向就业市场的专业要针对职业岗位群的需要设置专业，强调宽广性

如果不是与企业联办或受企业委托办的，而是面向就业市场办的专业，就要提倡在大类下针对职业岗位群进行设置，淡化以往行业管理体制下只为行业服务的观念，拓宽专业口径，增强覆盖面，适应就业市场的需要。当前，技术的综合化和普遍化已引发社会职业向综合化和职业技能综合化的方向发展，为了适应这一趋势，必须拓宽专业口径，以有限的专业去覆盖尽量多的职业岗位。同时，要注意课程内容的综合性，注意相近专业、相近学科之间的互相渗透、联系与沟通。变专业设置由过去的单一型、狭窄型为综合型、交叉型，使学生形成较宽的知识面、综合的职业能力和全面的素质，以适应经济建设和就业市场的需要。

2. 联办、委托办的专业要针对职业岗位需要，强调窄专性

凡与企业联办或受行业委托办的专业，由于学生毕业后的去向明确，职业岗位针对性很强，所以要强调其窄专性，要根据职业岗位的要求，尽可能传授、培训与职业岗位要求相一致的知识和技能，并达到一定的专业程度，完成上岗前的各项准备，为企业或行业培养所需要的专门人才。湖南建材高等专科学校按"订单式"培养模式的要求，受湖南三一重工的委托所办的专业，毕业后直接到三一重工上班，这个就有很强的针对性。因而专业设置时要充分考虑这些因素。

（四）长线型与短线型的关系

所谓长线型专业是指那些适应经济、社会较长时期发展需要的，具有开设生命力强，竞争优势多，适应范围广，发展前景远的专业。所谓短线性专业就是指哪些适应市场周期性、波动性、多变性特点的需要，而开设的投资少、见效快、风险小、应急性强的专业。处理好这两者的关系，特别要注意以下两点：

1.长线专业力争稳定

设置专业，必须根据经济发展和产业结构、技术结构的变化需要，设置那些相对稳定、具有较长寿命、基础雄厚、条件充足的专业，并形成特色，创出名牌，以保证人才对社会的长期供给，满足经济发展的稳定需求。同时，也能保持学校的稳定发展和持续发展，防止在专业设置上逐"热门"，赶"潮流"，大起大落，以至于弄得学校的专业动荡不稳，无所适从，这是不可取的。

2.短线专业要力争灵活

短线专业是适应社会急需的专业，必须保持其灵活性，努力做到小批量，多品种，保证人才供应的及时性、准确性和有效性。为了防止造成投入的过多损失，短线专业的设置最好与企业联办，借助于企业的设备、实习场地和技术人员，办好新设的专业。这样一旦专业饱和，需重新开设别的专业，也不至于造成沉重的人员包袱与巨大的经济损失。同时，对新开设的专业还须分析其需求量，在一般情况下，尽量不设置市场短期内就会饱和的专业。因为新设置一个专业，毕竟要花费大量的人力、物力和财力，如果极短时间就"夭折"，实在是得不偿失。

（五）行业性与地方性的关系

1.要重视设置地方需要的专业

《国务院关于大力发展职业技术教育的决定》中指出："发展职业技术教育的责任在地方，关键在市县。"地方之所以要发展职业教育，是因为地方所需要的大量的动手操作型人才，既不可能靠国家办的普通高校来输送（因为普通高校所培养的人才的层次和规格与职业教育的目标和任务有着明显的分工与区别），也不可能从外地、外国去引进，只能依靠自己培养。所以，发展职业教育是地方义不容辞的责任。既然职业教育是为地方经济服务，是为当地培养人才，因此，必须强调专业设置的地方性。职业学校的生源主要来自于地方，毕业生就业也主要在地方，地方提供校园空间与教育资源，还负责行政管理。因此，为地方经济建设和社会发展服务，同样也是职业学校的历史使命和责任，高职院校是否有为地方服务的意识和行为，是能否获得地方支持的关键，也是能否保持旺盛生命力之所在。只有将专业设置成当地所需要的，才能在推动地方经济发展中发挥人才强有力的支撑作用。

2.要继续重视设置为行业服务的专业

近年来，随着经济体制改革的深化，大部分行业已把所办的职业学校剥离出来，交给了地方，自己不再办职业教育，或者将原有的职业学校改为培训中心，只负责职工培训。在这种形势下，职业学校并不意味着淡化与行业的关系，也不能削弱为行业服务的责任，而应以"立足行业，面向社会，服务地方，辐射外地"的办学思路，来确定专业设置的方向和学校的服务方向。目前，在为行业服务方面应注意两种倾向：

其一,防止有的行业和部门借体制转轨之机,将职业教育当作"包袱"甩出去,造成职业教育资源的大量缺失。举办职业教育,企业、行业负有重要的义务,《中华人民共和国职业教育法》规定:"行业组织和企业、事业组织应当依法履行实施职业教育的义务。""政府主管部门、行业组织应当举办或者联合举办职业学校、职业培训机构,组织、协调、指导本行业的企业、事业组织举办职业学校、职业培训机构。"行业和企业应依法继续举办和支持职业教育,不能因行业一时的困难和暂时的用人需求不足,就目光短浅地放弃职业教育的责任。其二,职业学校在专业设置上也要防止目光短浅、急功近利,不要因行业在转轨、转制中出现的短期内某类人才需求不旺而丢掉为行业服务的传统主干专业,轻易失去长期积累的专业优势。

第四章　新时代高等职业教育管理体制的依法改革

　　高等职业教育的出现是现代社会科学技术发展的必然产物。《中共中央国务院关于深化教育改革全面推进素质教育的决定》指出："高等职业教育是高等教育的重要组成部分，要大力发展高等职业教育。"高等职业教育发展为中国高等教育从精英阶段迅速越升至大众化阶段提供了巨大帮助。

　　随着高等职业教育的办学思想、办学意识、办学体制、规模、质量、结构和效益的变化，尤其是高等教育由原来的精英式教育进入大众化教育阶段，对高等职业教育的管理提出了新的要求。因此，应该适应新形势的发展，认真分析高等职业教育的特点，在充分了解高等职业教育管理状况和发展规律的情况下，通过完善高等职业教育立法，对现有高等职业教育管理体制进行改革，促进我国高等职业教育持续发展。

第一节　高等职业教育管理体制的现状分析

一、高等职业教育管理体制改革的成就

（一）依法理顺了各级政府管理高等职业教育的关系，确立了分级管理高等职业教育的新体制

　　形成了中央、省、中心城市三级办学，以省级政府管理为主的体制。长期形成的"条块分割"的状况得到改变。

　　1. 国务院教育行政部门负责主管全国职业教育工作

　　《职业教育法》第 11 条规定："国务院教育行政部门负责职业教育工作的统筹规划、综合协调、宏观管理。"有关国家部门按职责分工负责相关的职业教育工作。关于国务院教育行政部门的管理工作，国务院曾有多次规定，1994 年《国务院关于中国教育改革和发展纲要的实施意见》指出，中央和地方教育行政部门负责对职业教育进行统筹、协调和宏观管理，以进行学历教育为主的职业学院原则上由各级教育部门进行管理；

职业培训和在职的岗位培训工作，原则上由各级劳动、人事和有关业务部门进行管理。但从实际工作看，由于职业教育与社会、经济有着最为直接的、紧密的联系，尤其与企业的关系密不可分，职业教育的发展离不开部门、行业的参与和支持，职业教育的管理十分复杂。因此，在实施对职业教育管理的过程中必须明确并强化国务院教育行政部门对全国职业教育工作的统筹规划、协调管理的职能，同时规定其他有关部门对发展职业教育的职能。

2. 县级以上地方各级人民政府负责本行政区域内的职业教育工作

《职业教育法》第 11 条规定："县级以上地方各级人民政府应当加强对本行政区域内职业教育工作的领导、统筹协调和督促评估。"高等职业教育的显著标志是区域性、地方性强，县级以上各级人民政府对辖区内高等职业教育负责。目前，各级政府已把高等职业教育的发展纳入当地经济和社会发展的总体规划，加强领导，统筹协调和督导评估方面；在国家教育法律、方针、政策指导下，统筹安排高等职业教育的布局、专业设置、招生、毕业生就业安置等工作方面已取得了很大的进步。

3. 实施以地方政府管理为主的职业教育体制

根据《职业教育法》第 6 条"各级人民政府应当将发展职业教育纳入国民经济和社会发展规划。行业组织和企业、事业组织应当依法履行实施职业教育的义务"的规定，各级人民政府已将高等职业教育纳入国民经济和社会发展的规划之中，相关行业组织和企业、事业组织依法履行了实施职业教育的义务，促进国民经济和社会的发展。

（二）高等职业教育已经形成多元办学的新格局

办学主体主要有各级人民政府、政府主管部门及行业组织、企业、事业组织和其他社会力量等。

1. 各级人民政府积极举办高等职业教育

各级人民政府已从战略高度充分认识发展职业教育的重要意义，把发展职业教育纳入国民经济和社会发展规划，统筹规划经济、科技、教育及其他各项社会事业的发展，把职业教育的改革和发展与大范围提高到劳动者素质、实现国民经济与社会发展的目标结合起来，组织政府各部门制订与经济社会协调发展的劳动者培训计划和人才培养计划，明确了各有关部门的职责，调动各有关部门的积极性，形成发展职业教育的合力。

2. 政府主管部门和行业组织举办了高等职业教育

有关政府主管部门、行业组织举办或联合举办了高等职业院校。它们举办的高等职业教育是我国职业教育的重要组成部分。它们办学范围比较广，既为本系统培养了技术人才，又面向社会，为社会提供服务。

3. 有的企业、事业组织和其他社会力量举办了高等职业教育

企业举办高等职业教育是建立现代企业制度的一项重要内容，它是实现企业由粗

放型经营向集约化经营转变的一项根本措施。目前，已有很多大型企业举办了高等职业院校并取得了较好的效果。

在国家宏观指导下，确立了基础教育由地方负责、分级管理以县为主的体制。在高等教育管理体制上，明确了中央与省级政府的关系，形成了中央、省、中心城市三级办学，以省级政府管理为主的体制，使得长期形成的"条块分割"的状况得到改变。

（三）依法逐步理顺了政府与学校的关系，扩大了学校的办学自主权

高等职业学校明确了党委领导下的负责制，通过改革高等职业院校的招生和毕业生就业分配制度，高等职业院校的办学自主权逐步扩大，高等职业院校在招生、学科专业的设置与调整、教学计划的制订、科学研究、科学文化经济与合作、学校人员配备等六个方面获得了相应的自主权，高等职业院校自我约束、自我管理的机制基本形成。

（四）依法逐步理顺了政府办学与社会参与的关系，基本形成了政府办学、社会各界参与办学的多元办学体制

教育体制改革以来，办学体制改革始终是重心之一，经过多年的努力，以《民办教育促进法》的颁布为标志，政府作为唯一办学主体的格局被打破，以政府办学为主体，公办学校和民办学校共同发展的格局基本形成。

（五）依法逐步理顺了高等职业教育系统内部各级各类教育的关系，适应社会经济和社会发展的教育体系结构基本形成

在教育体制改革过程中，改革教育体系结构正是教育改革的重要内容之一。经过改革调整，我国教育结构单一的局面得到扭转，普通教育与职业教育在高等层次的比例渐趋合理化。

（六）初步建立起中国特色社会主义教育法规体系的基本框架，使高等职业教育事业管理走上了依法治教的轨道

多年来，随着国家民主和法制建设的不断加强，教育法制建设与教育体制改革同步，取得了可喜的成就，不仅有全国人民代表大会常务委员会的教育立法，而且出台了一系列法规和规章，初步形成了具有中国特色的社会主义教育法规体系框架，教育事业管理有了基本的法律依据。

二、高等职业教育管理体制还存在的问题

改革开放以来，我国高等职业教育事业有了很大发展，取得了可喜的成就。但是，目前在职业教育领域，素质教育的实施与深化仍旧存在诸多的困难和问题。《中国教育报》曾刊登了一篇题为《让"中国"制造不再有遗憾》的文章，在一定程度上道出了

目前职业教育存在的问题。"中国制造"在国际分工中已经争取到比较有利的地位，正由跨国公司的加工组装基地向制造基地转变，而且在不少行业中，中国制造业已拥有了较强的国际竞争力。但是，"中国制造"目前依然存在不少缺点。我们现在远远不是制造强国，企业技术创新能力较弱，不少关键技术及设备依然依赖国外，产品的技术含量有待提高。

特别需要指出的是，提高"中国制造"的技术进步和劳动生产率还缺乏强有力的人力资源支持。可以看出，"中国制造"的缺憾与目前我国职业教育存在的不足密切相关。高等职业教育在提高国民素质和民族创新能力中的地位和作用中仍是个薄弱环节，尚未形成科学的、完善的、与社会主义经济体制相适应、和其他类型教育相沟通的职业教育体制。具体来说有以下几个方面的问题。

（一）高等职业教育办学体制不完善

我国现行体制使公办高职院校在经费上过度依赖财政拨款，在办学上过分依赖主管部门的行政领导。过分依赖财政拨款导致我国高等职业教育规模增长较慢，落后于发达国家发展速度，不仅不能满足社会和个人发展的需要，而且对我国保持和提高国际竞争力产生了负面影响。另外，过分依赖行政领导则不利于学校面向社会自主办学。

（二）高等职业学校的设立规定有待进一步完善

教育部 2000 年颁布了《高等职业学校设置标准（暂行）》，该标准对高等职业学校设立应具备的条件要求过低，加之缺少对各地区经济发展适用人才类型的考察和预测，缺少对职业学校设立的政策调控，导致实践中高等职业学校设立过多，很多大学都设立了职业技术学院，几乎所有城市都在办高等职业学校，大部分中等层次的学校都已升级为高等职业学校，高等职业学校仿佛成了一块试验田。

（三）高等职业院校的办学宗旨有待界定

《高等教育法》第 5 条对高等教育、《义务教育法》第 3 条对义务教育的办学宗旨作了规定，但主要针对普通教育学校；而《职业教育法》第 4 条对职业教育的宗旨做出了规定，但没有对不同层次的职业学校的宗旨分别明确作出规定。

（四）高等职业学校的办学层次、修业年限有待调整

《高等教育法》和《职业教育法》都规定了"高等职业学校"，但高等职业学校包括哪些教育层次，是否包括本科或研究生层次，应当如何构建，这些都规定不明确。实践中我国的高等职业学校基本上止于专科层次，这已经影响到高等职业学校的进一步发展。

《高等教育法》第 17 条规定：专科教育的基本修业年限为 2 至 3 年。由于《高等教育法》适用于高等职业学校，在实践中，高等职业学校的学制基本上采用这一学制。

这种刚性的学制导致专科层次的高职成为终点，职业教育体系被截断，技术性人才培养的目标无法最终实现，不利于满足不同专业人才培养对学制的不同要求。

（五）高等职业教育投入不足

就教育投资情况看，由于投入不足，严重制约和影响到高等职业教育的改革、发展，高等职业教育难以适应新技术、新设备、新工艺以及产业调整带来的劳动力需求变化。现有的产业技术中工人技术不到位，与他们在接受职业教育过程中技能训练不扎实有很大的关系。投资不足导致了职业教育师资力量薄弱，特别是教育教师自身的技能欠缺，严重地制约着教学的质量和效果。由于高等职业教育投资不足，投资渠道不畅，不少高职院校在实习基地建设方面相当滞后，传统专业普遍落后，新兴专业实习基地更不适应技能教学和实习的需要，有的新专业还根本没有实习基地。

第二节　高等职业教育管理体制今后改革的方向

经济体制的根本变革必然要求深层次的高等职业教育体制改革，这是社会和高等职业教育发展的规律决定的。实际上，在经济体制改革取得实质性的突破后，高等职业教育体制改革就拉开了序幕。

一、政府退出微观管理、加强宏观管理

政府的主要职能是宏观管理，具体的经营职能要移交给学校，而一些起辅助、支撑作用的社会职能要交给社会，如民间中介机构。

《中国教育改革与发展纲要》提出："政府要转变职能，由对学校的直接行政管理，转变为运用立法、拨款、规划、信息服务、政策指导和必要的行政手段，进行宏观管理。要重视和加强决策研究工作，建立由高等职业教育和社会各界专家参加的咨询、审议、评估等机构，对高等职业教育方针政策、发展战略和规划等提出咨询建议，形成民主的、科学的决策程序。"

如果强化学校面向政府办学，而不是面向社会办学，对学校控制过多、过细，也容易造成学校对政府的依赖，甚至使学校成为政府行政体系的一部分，导致短期行为、效率低下和制度创新能力不足；政府控制学校发展所需的资源越多，就越容易产生高等职业教育管理者、学校经营者错位。政府要将微观管理权力下放给学校，同时认真履行好行政指导、资源配置、质量监督、发展战略研究等宏观管理职责，这是在市场经济体制中调整政府管理职能的重要课题。解决好这一课题，才能真正转变政府职能，使高等职业院校真正面向社会自主办学。

二、逐步完善在国务院领导下，分级管理、地方为主、政府统筹、社会参与的管理体制

高等职业教育管理体制的改革主要体现在两个方面：第一，在国务院领导下，将高等职业教育的发展与经济社会发展、劳动就业紧密联系起来，通过各个部门间的合力协作，统筹管理、统筹解决高等职业教育的重大宏观政策问题，实现高等职业教育发展的良性循环。这有利于强化政府在高等职业教育发展中的统筹力度，实现高等职业教育发展与整个社会经济发展的统一，也有利于高等职业教育资源的优化配置，改变过去封闭办学、重复办学、效益低下的局面，形成教育部门与用人部门的共同合作，实现教育效益的最大化。第二，强化地方政府对高等职业教育发展的职责，主要是强化市级政府对高等职业教育的统筹管理。《职业教育法》规定我国高等职业教育发展的责任主要在地方，地方政府要根据本区域内经济社会发展，确定并管理本地高等职业教育的发展。随着我国经济结构的调整，加快区域经济发展已成为我国经济发展的重要趋势，高等职业教育与区域经济发展的联系也越来越密切。以市（地）为主对高等职业教育进行统筹，将促使高等职业教育与区域经济发展更加紧密地结合起来。强化地方政府对高等职业教育的统筹管理。

三、逐步形成政府主导、依靠企业、充分发挥行业作用、社会力量积极参与的多元办学格局

办学体制创新是当前高等职业教育改革发展的阶段性特征。与我国所有制结构和经济结构调整相适应的高等职业教育的发展，要求充分满足政府、企业、行业组织、公民个人等多方面的利益，逐步建立与经济多元化和办学主体多元性相适应的高等职业教育办学体制。政府的办学主导责任体现在坚持以政府办学为主，重点办好示范性骨干学校和职业培训机构，同时支持和指导行业、企业举办职业学校和职业培训机构。行业、企业是高等职业教育多元办学中的重要力量，行业主管部门负责对行业高等职业教育和培训工作进行协调和业务指导。同时，大力发挥行业组织的作用，开展行业人力资源需求预测，制定行业高等职业教育和培训规划，进行行业高等职业教育的教学改革、教材建设和教师培训等。企业承担依法举办高等职业教育和培训的任务。企业的办学责任在于制定本企业的高等职业教育和职工培训规划，加强培训基地建设，开展各种形式的岗位培训，提高企业职工队伍的整体素质，优化职工队伍结构，增强企业竞争力。社会力量积极参与主要指发展民办教育和中外合作教育。

四、高等职业院校应分离社会职能

在计划经济体制下，学校跟企业一样，包办涉及师生的工作、学习、生活的方方面面，是一个五脏俱全的小社会。

在建立社会主义市场经济体制的改革过程中，企业要成为市场主体，必须依据成本、效益和竞争的原则组织和配置生产要素，独立自主经营。这意味着政府和企业都不能大揽社会职能，国有企业势必要将过去包揽下的各类社会职能分离出去。

高等职业院校虽然不同于企业，但同样存在成本与效益的问题。高等职业院校办社会已经成为难以承受的负担，随着不同程度地引入市场机制，将辅助性职能分离出去也是必然的选择。既要分离社会职能，卸掉高等职业院校办社会的沉重负担，又要加强自主经营，提高应变能力和市场竞争能力。

五、促进高等职业教育中介组织的发展

从政府和学校分离出来的大量社会职能，以及因市场经济体制的建立和在高等职业教育领域引入某些市场机制而产生的管理职能，需要由学校和政府之外的组织承担。这类组织就是通常所说的中介组织。中介组织在高等职业教育管理中可以发挥以下功能。

功能之一是协调政府与学校的关系。市场经济体制的建立已经改变了政府与学校的关系，政校需要分开，学校要面向社会自主办学，这样一来，政府与学校之间的关系就更加复杂了，需要高等职业教育中介组织发挥协调作用。西方许多国家已经建立起完善的高等职业教育中介机构，其范围涉及高等职业教育评估、高等职业院校贷款、高等职业教育咨询、高等职业院校证书考核等，在协调政府与高校的关系方面扮演着越来越重要的角色。

功能之二是改善政府的宏观管理。政府的宏观管理涉及大量的决策，制定政策、调整战略等，它们都是宏观管理的重要职能。这些职能涉及社会和高等职业教育的方方面面，要做到科学决策，就需要集中各有关方面的信息、知识和智慧。中介组织可以作为参与决策的咨询机构，为政府决策提供调研报告、咨询报告、政策分析等。

功能之三是为市场运行提供客观可靠的信息。在市场经济条件下，学生或家长即为顾客，他们交纳学费购买高等职业教育服务，学校是高等职业教育服务的提供者。学生或家长与学校形成了一种市场关系或准市场关系。市场机制在高等职业教育服务的供求调节中发挥重要作用。双方都需要及时、准确把握市场信息。尤其是学生和家长，他们在与学校的关系中处于信息不利的地位。学校提供的信息往往失真，而学生在选择学校、专业时需要及时、准确了解学校的师资水平、设备条件、课程设置、专

业设置、教学质量、毕业前景等。中介组织可以通过种种方式客观地反映学校的情况，为学生和家长决策提供信息。

功能之四是为学生提供社会对毕业生数量、质量、结构要求的信息。在市场体制中，学校要面向社会办学，就必须了解社会需要什么样的毕业生，需求量多少。在高等职业教育中，社会需求也是一个非常专业化的问题，准确及时地获得信息并非易事。例如，工程师协会、技工协会、律师协会之类的行业协会比学校更有能力及时、准确地把握职业发展对人才类型、数量、素质要求的变化。这类中介组织可以在学校调整课程设置、专业设置方面发挥信息咨询、结构调整、质量规格控制等管理功能。

功能之五是促进高等职业教育多样化。中介组织与政府机构的最大区别是没有行政权力，因而对学校的管理是非强制性的。只要有足够的社会需求，在同一领域就可以有多个不同特点、不同价值取向的中介组织并存。因此，中介组织的管理更能包容学校的多样性。将一些管理职能由政府移交给中介组织有助于解决我国高等职业院校缺乏办学特色问题，有利于适应高等职业教育需求的多样化。

我国高等职业教育中介组织起步较晚，近几年虽然有所发展，但由于还没有把中介组织的发展放在高等职业教育体制改革的高度上予以重视，相应的政策和法规建设滞后，高等职业教育中介组织的性质、主体、服务客体难以界定，审批程序、收费标准、监督体制也不完善，同时还存在行政干预过多、权威性不高、横向协调不够、目标错位等问题。

第一，在观念上，要充分认识到中介组织分担管理职能对促进政府转变职能和学校面向社会都是必要的和有益的，高等职业教育中介组织应该成为高等职业教育管理体制的重要环节。

第二，非政府化是中介组织的独特优势。因此，中介组织应该作为民间组织成为独立的法人个体。半官方的中介组织应适时转变为民间组织。同时，减少官方的直接控制。

第三，在人员构成上，既要重视社会各有关方面的广泛参与，兼顾各方利益，又要充分发挥专家学者的作用，以提高高等职业教育管理的科学性和民主性。

第四，应当制定有关法规，保证高等职业教育中介机构的合法地位，规定各类高等职业教育中介机构的设置、职责、权限和义务。同时，建立国家对各类高等职业教育中介机构的评估和监督机制，以保证其活动建立在法制化的基础上。

第五，应该保持中介组织的非营利性。中介组织营利和隐性营利将损害其公正性和客观性，应禁止中介组织营利。同时，通过政府拨款、合理收费保证中介组织的运行经费。

六、完善高等职业教育经费投入体制

20 世纪 80 年代的教育经费体制是一个多种渠道筹集教育经费的体制，其渠道包括财、税、费、产、社、基。这是一个以国家财政拨款和征收用于教育的税、费为主，辅之以收取非义务教育阶段学生的学杂费、校产收入、社会集资和设立教育基金等多种渠道筹措教育经费的新机制，对增加我国教育经费投入起到了一定作用。这是适应 20 世纪 80 年代经济体制改革需要而进行的改革。在社会主义市场经济体制基本建立的现在，教育经费投入体制改革需要在更深层次上取得突破。

（一）改革高等职业教育经费的财政投入体制

高等职业教育经费投入体制改革要解决的主要问题是如何增加财政投入，并提高资金使用效率。

首先要保证财政拨款的增加，并减少划拨过程和使用过程中的浪费。要增加财政拨款，必须建立和完善市场经济体制下的公共财政体制，使财政从不该管的事务中退出来，将主要财力用于发展高等职业教育、卫生、国防等公共事业。要提高财政拨款的使用效率，必须健全财政拨款制度，减少行政截留，强化财政拨款的效率原则，将有限的财政性高等职业教育经费拨给效率高的学校，增加财政性高等职业教育经费的另一重要途径是增加工商企业的高等职业教育经费投入。但在改革过程中，我国工商企业的高等职业教育投入增长缓慢，这与科技发达时代的企业竞争过度依赖人力资源投资的世界大趋势是很不合拍的。政府应通过制度调节，鼓励和促使企业更多地投资高等职业教育。

工商企业投资高等职业教育的形式很多，主要有：①产学合作，为学生提供实习、实训机会，以促进理论与实践有机结合。这在职业技术教育中特别重要。企业在此过程中承担的成本包括设备占用、人力占用（实习指导人员）、学生工薪等。企业的收益通过财政补助、税收减免等方式解决。②工商企业直接办学，培养社会需要人才，其费用计入入生产成本。③对企业投资教育除了给以鼓励外，还可以适当采取强制措施。如立法规定企业必须按工资总额提取一定比例的资金，用于高等职业教育。这在许多国家已经成为支撑高等职业教育体制的重要法律基础，但在我国还没有相应的法律和政策。

（二）收费与助学体制

目前，学费是高等职业教育经费的重要来源。学费是我国非财政性高等职业教育投入中增长最快的部分，而且仍有潜力。我国居民存款高达 20 万亿。据国家统计局调查，"为子女上大学作准备"的储蓄动机所占比重为 44%。只要能够提供满足学生和家长的高等职业教育需求的高等职业教育服务，学费收入的增长还是有很大潜力的。

尽管居民存款巨大，但分布不均，仍有很多贫困家庭难以承受学费的负担，至少有10%的大学生面临程度不等的学费、生活费困难。除了财政补助、社会捐助外，发放助学贷款也是世界各国广泛采用的方法。但在我国，由于还贷情况不佳，银行已经不愿提供助学贷款。国家助学贷款一般发放期限长、风险大，不可预测因素较多，特别是在贷后管理、催收等方面，银行要付出较大成本，同时，恶意拖欠现象比较严重。因此迫切需要完善相关的贷款制度安排和监控方法，高校与银行之间对贷款人信息的转移承接应及时、到位，银行系统内部贷款人的信用记录也应通告其他银行及海关、人事、劳动、司法等部门和机构，编织一张严密有效的监督网，发挥信用档案的"威慑力"，通过制度的约束提高贷款人失信的成本。此外，个人信用数据库的征信工作仍走在法律的边缘，相关法律的问题也需尽快解决。

（三）完善社会捐资助学体制

社会捐资助学形式也很多样，如设立奖学金，向学校捐赠物资、经费，捐资建新学校等。这些形式的捐资办学在我国都发挥了重要作用。但总的来说，捐赠多数来自境外，国内捐赠较少，除了私有财产的积累还不够深厚这一客观原因外，也有体制上的原因，要进一步发挥财税政策的调节作用，如减免个人、法人收入中用于高等职业教育的费用的税收，提高遗产税等税收政策就可以起到鼓励企业、个人投资高等职业教育的积极性。

（四）营利性资本投入高等职业教育的体制

以上主要考虑的是完善非营利性高等职业教育经费投入的相关体制，局限在将高等职业教育作为非营利性的公益事业来考虑经费投入体制。就我国的实际情况而言，民间财力尚不雄厚，捐资助学潜力有限，但投资办学的潜力还是很大的。如何引入营利性资本发展高等职业教育是我国高等职业教育经费投入体制改革的新课题。

由于高等职业教育具有明显的公益性，人们倾向于认为营利性资本的商业动机与高等职业教育活动是难以协调的。这种观念使营利性资本的引入成为教育投入体制改革的盲区。从20世纪末开始，这一盲区已经开始受到关注。在一定情况下，通过合适的制度安排，完全可以培养公共产品市场和具有外部性的私人产品市场，从而使营利部门参与高等职业教育产品的生产和供给。即使不考虑教育服务具有私人产品属性，将其视为纯公共产品，也可以设计合适的制度，使营利性组织提供高等职业教育服务，从而将营利性资本引入高等职业教育活动中。

在视高等职业教育为公益事业，视高等职业教育服务为纯公共产品的情况下，将营利性资本引入高等职业教育活动的模式主要有两种。

一种是政府与营利性高等职业教育机构签订合同，以招标的方式购买高等职业教育服务，然后无偿地提供给需要高等职业教育的居民。德国的职业高等职业教育体系就采用了这一体制。通常是失业或待业人员到劳动人事部门登记，提出求职和高等职业教育申请。政府根据申请情况确立不同专业、不同层次的高等职业教育规模和质量要求，相关高等职业教育机构以竞标的方式获得政府合同。然后，政府按合同提供经费，高等职业教育机构按规定的质量和数量提供高等职业教育服务。这种模式使政府能够牢牢掌握高等职业教育服务的供给和分配，使之符合公共利益。尽管政府是提供经费，但并不对高等职业教育所需的基建费用、日常费用进行直接投资，这部分投入由高等职业教育机构承担。这样政府就能以较少的投入取得相同或更好的效果，提高了财政使用的效率。

另一种模式是政府不在高等职业教育机构与受高等职业教育者之间发挥中间人的作用，让高等职业教育服务的提供者和消费者按市场原则进行交换。政府的主要使命是完善政策法规，建立规范的高等职业教育服务市场体制，使之能健康、有序地运行。政府可以对受高等职业教育者给予全额或部分补助，也可以不予补助。在政府给予补助的情况下，补助直接发给学生，而不是学校。这样，在学校与学生之间形成一种市场关系或准市场关系。特许学校和义务高等职业教育就是这样的体制。政府把义务高等职业教育券发给学生，并特许一些学校可以提供高等职业教育服务。学生可以从中任意挑选自己愿意就读的学校。

如果把高等职业教育服务视为私人产品，那么，由营利性高等职业教育机构提供高等职业教育服务就没有任何障碍了。在这种情况下，可以建立高等职业教育服务市场体制，这种体制能最大限度地吸引营利性资本发展高等职业教育。我国的非学历性职业培训机构大多在市场体制中运营，提供的就是商业化的教育服务，但正规的高等职业教育仍然囿于公益性及公共产品属性，抵制市场体制的引入，没有建立起能充分吸引营利性资本的高等职业教育服务市场体制，没有名副其实的营利性高等职业教育机构。而这样的体制在许多国家已经建立起来。

总之，不管我们如何看待高等职业教育的性质，都可以建立适当的体制，引入营利性资本发展高等职业教育，以弥补财政性高等职业教育经费的不足。同时应该正视高等职业教育属性的多样性，并构建多样化的高等职业教育体制，以最大限度地调动社会力量推进我国的高等职业教育发展。

第三节　建立高等职业教育管理体制的行政指导机制探析

随着教育体制改革的深入与政府职能的转变，政府与高等职业院校已不再是直接管理与支配的关系。政府作为教育体系的构建者，主要是负责对于整个国家教育规模、教育结构、教育布局进行宏观调控；制定国家或者地区的教育发展规划；制定教育法律法规，为教育发展提供制度保障；制定各级各类学校设立的标准和条件，颁布学校教育的标准和需要达到的目标；批准学校的设立、变更、终止等。政府实施宏观调控的主要手段就是行政指导。

目前，在世界发达国家，行政指导已成为政府积极管理和引导社会经济生活的重要手段，是一种有效的行政手段。在行政指导方面，虽然我国秉承了高等职业教育行政指导的作用，并在法律、行政法规、地方性法规、单行法规、部门规章和地方规章等各层次的规范性文件中有所体现，但至今尚未使用"高等职业教育行政指导"这个提仪。由此看来，高等职业教育行政指导在我国行政法的研究和实践方面尚是一个薄弱环节。现阶段随着经济体制的转轨，政府职能和行政模式的转变，高等职业教育行政指导在我国各个领域，尤其在高等职业教育领域显得愈来愈重要，应逐步为人们所重视。

一、高等职业教育行政指导的含义、性质和特征

（一）高等职业教育行政指导的含义

高等职业教育行政指导，是指行政机关在其职能、职责或管辖事务范围内，为适应复杂多样化的高等职业教育管理需要，适时灵活地采取符合法律精神、原则、规则或政策的指导、劝告、建议等不具有国家强制力的方法谋求相对人同意或协力，以有效地实现一定行政目的的行为。简言之，高等职业教育行政指导就是行政机关在其职责范围内为实现一定行政目的而采取的符合法律精神、原则、规则或政策的指导、劝告、建议等不具有国家强制力的行为。

（二）高等职业教育行政指导的性质辨析

关于行政行为的性质，通常认为：行政行为是行政机关或者法律、法规授权的组织，在行使行政职权时所实施的具有法律意义、产生法律效果的行为。按照大陆法系行政法的这一经典定义，行政行为应当具有个别适用性、直接的对外效力、对行政权力做出某种处分、对行政相对人权利做出某种安排决定等特征。然而，高等职业教育行政指导行为并不完全符合这一行政行为概念的上述特征，可见它不属于狭义的行政行为或者说传统行政行为。当然，如果根据现代行政管理实务和行政法学研究的需要，把履行公共行政职能、承担公共行政事务的组织机构都视为行政主体，把此类组织机构实施行政管理而做出的公务行为都视为行政行为，也即对"行政行为"的理解加以扩展，那也不妨将高等职业教育行政指导行为视为广义的行政行为之一。高等职业教育行政指导作为"广义行政行为"中的一类，具有非强制性和非单方性的特点，或者说虽有强制性和单方性但是有强制性和单方性比较弱的特点，在当代行政民主化、法治化的大背景下发挥着积极作用，理应加以认真研究和正确运用。

（三）高等职业教育行政指导的特征

（1）非强制性：从行为的法律关系和拘束力度看，高等职业教育行政指导是不具有法律上的强制性和拘束力的行为。与具有强制性的行政命令行为不同，高等职业教育行政指导不具有强制性，主要以指导、劝告、建议、鼓励等柔和的不具有法律强制力的活动形式进行，并辅以利益诱导和道德引导机制，向特定行政相对人高职院校施加作用和影响，并谋求其为一定作为或不作为，从而达到一定行政目的。至于相对人高职院校是否服从行政指导，则听凭其自由抉择，具有任意性。这种操作上的柔软性，是符合民主行政这一现代行政发展方向的，也是行政指导行为最突出的一个特征。

因此，尽管高等职业教育行政指导中的劝告、告诫、警示、说服等方式因行政机关的特殊地位和权力背景而难免有某种事实上的影响力，但行政指导在基本性质上毕竟不同于具有国家权力强制性和法律拘束力的法律行为。

（2）主动补充性：从行为动因和目的角度看，高等职业教育行政指导是适应多样化的高等职业教育管理需求的主动行为。传统的公共行政管理较为简单，随着社会的发展，现代高等职业教育行政管理已日趋复杂多样化，特别是出现了平衡公益与私益、兼顾公平与效率等公共行政管理发展趋势，因此，单一的行政法律手段和被动应付的行政行为方式，越来越不能满足客观要求。这就为行政机关提供了必要的动因和条件，从实现一定行政目的特别是高等职业教育发展目的出发，主动采取高等职业教育行政指导措施，同时也不排除可应相对的人要求而采取高等职业教育行政指导措施，以补充单一法律强制手段之不足。

（3）相对单方性：从行为本身的角度看，高等职业教育行政指导是由行政机关单方实施即可成立的行为。

总体来说，高等职业教育行政指导行为由行政机关单方实施即可成立，具有单方行为性，这是一个显著特点。同时也应看到，高等职业教育行政指导行为的实施过程中发生着大量的两方互动、双向沟通作用，例如在高等职业教育行政指导的某些阶段，行政两造相互做工作，以使彼此增进了解、意愿逐渐通连、行为趋于协调，这种两造互动性（在外观上表现为一定程度的非单方性）也是更好地达到预期行政目的的重要条件，表明高等职业教育行政指导的单方行为性并不是绝对的。在既有相对的单方行为性又有特殊的两造互动性的情况下，高等职业教育行政指导的单方行为性显然需要"行政相对人的同意或协力"这一因素相配合，才有利于最终达到预期的行政目的。

（4）行为引导性：从行为品格的角度看，高等职业教育行政指导是具有利益诱导性或综合引导性、示范性的行为。

高等职业教育行政指导行为尽管不具有权力强制性，但理应具有某种诱导、引导力量，才能在行政实务中发挥实际作用，达到预期的行政目的，这是不言而喻的。有的学者认为，行政机关实施的单纯的事实公开、事实确认、行政服务、提供信息、舆论宣传等行为，由于不具有利益诱导性，所以不算是高等职业教育行政指导行为；某些不具有利益诱导性的行政商谈行为也不能算是高等职业教育行政指导行为。

所谓高等职业教育行政指导行为的诱导、引导力量，既可以是经济利益诱导性的力量，也可以是精神利益引导性、示范性的力量（如某种道德榜样的引导、示范作用），还可以是兼备经济利益诱导性和精神利益引导性、示范性的力量。可见，上述一类看似不具有经济利益诱导性的行为，也可能具有某种精神利益引导性、示范性，或兼具一定的经济利益诱导性和精神利益引导性、示范性，实属一类较为特殊的高等职业教育行政指导行为。

（5）方法多样性：从行为方式的角度看，高等职业教育行政指导是适用范围广泛、方法灵活多样的行为。

这是高等职业教育行政指导的一个非常突出的特征。由于行政机关的职能、职责或管辖事务范围由行政组织法做出了一般规定，所以，即便没有行政法的具体规定，行政机关也可根据法定职能、职责或管辖事务范围（主要是由行政组织法确定的）这一关联因素，灵活采用指导、劝告、建议、告知、告诫等各种高等职业教育行政指导措施，对高等职业教育管理需求能做出及时灵活的反应。

（6）事实行为性：从行为过程的结局看，高等职业教育行政指导是不直接产生法律效果的行为。

高等职业教育行政指导是由行政机关对高职院校做出的，尽管高等职业教育行政指导的作用对象是行政相对人，但因高等职业教育行政指导行为不是基于具体的法律规范做出的，对于相对人不具有法律拘束力，而且在有此具体规定的情况下做出的高等职业教育行政指导行为，相对人也具有自由选择权即具有行为选择上的任意性，其权利或义务必然会直接受到影响，该指导行为本身也不直接产生法律效果。因此，高等职业教育行政指导是不直接产生法律效果的事实行为。

从上述特征可以看出，高等职业教育行政指导（引导）行为既不同于设立规范的行政立法（创制）行为，也不同于有强制力的行政执法（处分）行为，又区别于直接产生法律效果的行政契约（合同）行为，是一种具有许多特殊性的行为，在行政机关的行为体系中处于特殊的位置。而上述这些行为方式共同构成了当代行政活动的基本行为方式体系，它们相辅相成、相互配合、各有所长地调整社会生活，从而稳健高效地实现行政目标，促进经济与社会健康协调地发展。

二、高等职业教育行政指导的构成和分类

（一）高等职业教育行政指导的构成要素

（1）指导方——做出高等职业教育行政指导行为的行政机关，也包括一些得到授权而实施高等职业教育行政指导行为的组织。这是高等职业教育行政指导的最基本要素。

（2）受指导方——高等职业教育行政指导行为所指向的行政相对人，包括特定的行政相对人和非特定的行政相对人。这也是高等职业教育行政指导的基本要素。但受指导方是否接受某项高等职业教育行政指导的内容并不是必然的，接受与否也不影响该项指导行为的实施和成立。

（3）指导内容——高等职业教育行政指导方为达成一定行政目的而做出的指向受指导方的指导行为具体内容，如劝告或建议相对人做出或不做出什么行为。

（4）指导方式——高等职业教育行政指导方采取的指导行为的具体方式，其表现各异，种类繁多，总的可分为抽象的指导行为和具体的指导行为。

（5）指导后果——高等职业教育行政受指导方接受或不接受该项行政指导行为所可能产生的实际结果，包括积极后果和消极后果，它是必然的。

（二）高等职业教育行政指导的基本类型

（1）规制性或抑制性的高等职业教育行政指导。这是行政机关为了维护高等职业教育公益，预防危害公益的现象发生，对违反高等职业教育公共利益的行为加以规范和制约的行政指导，即对于损害高等职业教育公共秩序或公益之行为加以预防或抑制。

（2）促进性或辅助性的高等职业教育行政指导。这是指以帮助和促进相对人高职院校自身利益或事业的发展为目的，为高职院校出主意、指方向的行政指导，即为了促使高职院校的行为合理化而给予的行政指导。例如政府为推进高职院校的合理化、现代化，为实现社会平衡协调发展，所主动实施的各种指导措施。此类行政指导方式特别多，如高等职业教育发展指导、就业指导、投资指导、行政鼓励、行政资助、发布官方信息、导向性政策、指导性计划等都属此类。

三、高等职业教育行政指导功能的分析

（一）高等职业教育行政指导的平衡协调功能

平衡作为现代行政法的基本精神，具有极其丰富的内涵，而高等职业教育行政指导作为行政法的一项制度，也秉承这一理性的精神内在，并在高等职业教育行政指导制度的具体功能上体现出来。

1.行政机关与相对方的双赢互动

传统的行政手段一般以单方性、强制性、自力执行为特征，其行为被法律赋予了公定力、确定力、拘束力和执行力，行政相对人则处于被动的、服从的地位。二者之间的关系是不平衡的。而作为反映现代行政意识的高等职业教育行政指导则尽力将行政相对人摆在平等的地位，寻求用和谐的、协商的方式在行政机关与相对方之间达成共识、取得合作。由于高等职业教育行政指导不具有强制性，以尊重相对方的自我选择和自我判断并自愿协力的方式取得预期效果，其平衡和协调的功能是显而易见的。

2．原则与规则的一致

高等职业教育行政指导的依据不仅包括实定的法律规范，而且还包括更加有弹性的法律原则。从实际情况看，有的国家甚至走得更远，对相对人的指导只要不与宪政意识相冲突就可为之。高等职业教育行政指导这种宽泛的法治约束，与高等职业教育行政指导在现实中起到的作用是相一致的。如果翻阅高等职业教育行政指导的发展历史，就会发现它首先充当的是决策的工具，其次又发展为高等职业教育公共管理的工具，成为行政法的一种行为方式，进一步则成为行政机关的一项重要职能。从这种发展的特殊背景可以看出，对高等职业教育行政指导而言，法治精神和法治意识的制约显然要比较严格条文主义更为适宜。

3.实体法与程序法的和谐

实体正义和程序正义是高等职业教育行政行为不可分割的两个方面，就高等职业教育行政指导而言，其行为不仅要有实体法律的依据，同时也必须遵循程序规则。指导的必要性论证、专家咨询、协商调解、说明理由、听取意见、召开听证会等程序，体现了现代程序意识在指导的过程中的实际运用。当然，相对于行政许可、行政处罚、行政强制等行政行为，高等职业教育行政指导的程序规则似乎比较简略粗糙，但这种表面上的不经意、不尽如人意，却反映出一种为了保证高等职业教育行政指导的及时灵活特点而保持必要程序的朴素思想。

（二）高等职业教育行政指导的补充和替代功能

高等职业教育行政指导之所以能够有补充和替代功能，在法哲学上有着深刻的原因，它根源于法律与现实之间的矛盾，以及认知与生活之间的对立。由于这两种矛盾和对立永远存在，就需要针对问题找出对策，而问题则指引着解决的途径。

（1）落后的法律与永不停步的现实之间存在着差距。人们之所以对高等职业教育行政指导有所倚重，其原因就在于它足够贴近生活，对快速变化的客观世界保持灵敏的反应。

（2）有限的理性与无限的生活智慧之间存在落差。自启蒙运动以来的唯理主义一直主张理性万能，主张由社会精英根据理性设计社会的发展，这种主张在行政管理领域里的逻辑延伸，必然是认为行政机关最能了解行政相对方和社会的最佳利益所在，由处于优势地位的行政机关设计相对方的行为方式。这就构成了行政机关对行政相对方加大使用强制手段的理论基础。过多地使用强制手段，虽然可充分运用行政机关的能力，但阻却了相对方理性能力的发展机会，也使相对方产生盲从和依赖，更不能去有效地监督政府行为。这种思路是基于对美好社会的向往，这无可厚非，但由于其理论预设是虚幻的，所以在其指导下的实践也是不现实的。

（3）高等职业教育行政指导在制度设计上，不再以单一理性为出发点，取而代之的是以多元理性。它取缔了对行政机关全知全能的假设，同时给相对方的理性发展提供充分的自由空间，最大限度地包容全社会的创新力量。另外，高等职业教育行政指导将形式理性和实质理性相融合，既重视实体正义，又重视程序正义。同时高等职业教育行政指导制度还特别强调参与、合作，注重在敞开的体系中论证真理。

（三）高等职业教育行政指导的引导和促进功能

高等职业教育行政指导的重要特点之一是具有利益诱导性或综合引导性、示范性。由于高等职业教育行政指导行为不具有权力强制性，就更需要以内容的合理性作为吸引和劝导相对人做出预期行为的内在机制。传统的行政行为以强制和惩罚为手段使行政相对人因胆怯而守法，而高等职业教育行政指导则以期望和说服为手段使相对人自愿听从而使法律获得遵行。从高等职业教育行政指导的这种内在属性而言，其引导功能不仅仅以法律规范的合理性为基础，同时还具有道德上的合理性，它跨越了严格的法律义务的界限，把"以武力服天下"的冷峻之法提升到"以威德服天下"的柔和之法的新境界。

（四）高等职业教育行政指导保证平等的功能

在人类追求文明进步的过程当中，"平等"一直代表着一种美好的社会理想，它甚至被近代以来的思想家视为正义社会存在的前提和基础。什么都不能战胜人类对正义的情感，这种情感并非来自其他，而是人类对平等的信仰。在现实的世界，或许平等不是一个事实，但是，平等是一项原则，一种信仰，平等是一项神圣的法律，一项先于其他一切法律的法律，一项派生其他法律的法律。

从高等职业教育行政指导的主体构成来看，一方是行政机关，而另一方是众多行政相对人。结合上述对平等的理解及对国家与公民之间平等关系的界定，可以看出高等职业教育行政指导制度对平等的实现提供如下支持。

（1）行政机关用协商、建议的方式谋求相对人的合作，对方的自由意志得到平等对待，这就与相对人在民事活动中所受到的平等对待有着相同、相通之处。高等职业教育行政指导方式的实质，就是在政府管理过程中借鉴市场机制来克服行政官僚主义的弊端。

（2）行政机关和相对人在具体的高等职业教育行政指导过程当中，相对人的利益要求得到满足的同时，行政机关的行政目标也可以实现。从结果平等的角度来看，不论是个人利益还是公共利益，都有所得，且得其所。这种看似不同的结果反映了平等的另一个层次的要求——不同情况不同对待。

（3）高等职业教育行政指导不以强制为手段，不主动干涉相对人的选择，对众多的相对人采用相同的劝导和鼓励方式，使相对人能够享受平等机会。在这种意义上，高等职业教育行政指导与机会平等的内在精神相一致。

（4）当相对人对高等职业教育行政指导有不满的时候，或行政机关的指导有违法行为的时候，相对人可以进行申诉或复议，甚至提起行政诉讼和行政赔偿。当这样的法律程序展开时，双方在法律面前的地位显然是平等的，因为任何一方都不享有超越法律的特权。

（五）高等职业教育行政指导促进和谐的功能

1. 从高等职业教育行政指导的平衡与整合功能来看

传统的行政手段一般以单方性、强制性、自力执行为特征，行政行为被赋予了公定力、确定力、拘束力和执行力。在传统的行政管理关系中，行政相对人处于被动的、服从的地位，与处于优势地位的行政机关形成紧张关系，二者之间的关系是不平衡的。反映当代行政意识的高等职业教育行政指导则力图将行政两者放在平等地位，寻求运用温和的、协商的方式在行政两造之间达成共识、取得合作。由于高等职业教育行政指导不具有强制性，以尊重相对方的自我判断和自我选择并自愿协力的方式取得预期效果，其平衡功能是显而易见的。

高等职业教育行政指导表现出兼容并收取向，既让政府的行为经过公众的选择后产生预期效果，又让公众的选择在更加可靠的前提下做出理智的判断，促使二者的互补，从而成为政府面对当今复杂社会的重要整合手段。

2. 从高等职业教育行政指导的沟通与协调功能来看

高等职业教育的多元主体之间的利益矛盾和冲突是难免的，在崇尚竞争、更具活性的市场经济社会，这种利益矛盾和冲突有增无减，导致社会的不和谐，因此需要通过各种渠道和手段来予以协调，而高等职业教育行政指导正是这样一种比较灵活有效的协调手段。由于高等职业教育行政指导的非强制性和自主抉择性，以及指导主体所具有的相对于利益冲突各方的某种超脱性和中立性，使其在缓解和平衡各利益主体（指行政相对人）之间的矛盾和冲突的过程中，起着一种特殊而有效的沟通作用。特别是社会教育组织之间的冲突，更需要处于市场竞争主体之外的行政机关采用高等职业教育行政指导措施进行公正有效的沟通、协调和周旋。还有某些一时发生隔阂、障碍的社会关系，也需要采用高等职业教育行政指导措施及时便利地予以疏通和调停。实际上，高等职业教育行政指导的过程也就是各方意见得以充分表达的民主程序过程，各方的意愿得以在平和的协商中形成。在这个过程中，民主的表达方式是直接的、互动的，行政机关的要约和希望与相对方的接受和协力，可以说是双向调节的，其程序是合理的，所蕴涵的参与式民主为人们的意愿表达和行为选择提供了更大空间（包括那些对于高等职业教育行政指导意见不予接受的行政相对人的意愿也能得以满足和受到尊重）。这就大大舒缓了行政机关和行政相对人的紧张对立情绪，减少了行政相对人出现不满和反感情绪的可能性。更为重要的是，在沟通、协商和妥协的过程中，具有建设性意义的共识会成为连接行政两造（泛指行政机关与高职院校）之间的纽带。

四、现阶段我国狭义的高等职业教育行政指导法律依据及特征

（一）高等职业教育行政指导的宪法依据

我国宪法对各级政府和行政机关的职能提出了明确要求，做出了基本的规范，在行政管理体制改革和行政管理方法创新的过程中，应当以此为依归，这是推进依法行政、建设法治政府的前提和保障。高等职业教育行政指导作为政府职能转变和行政管理方法创新的具体表现，无疑也应遵循这一规定和原则。

《中华人民共和国宪法》（以下简称《宪法》）及其修正案中，采用指导、引导、鼓励、提倡、奖励、帮助、支持等提法，对各层次含义的高等职业教育行政指导做出了大量规定。例如《宪法》第 19 条第 4 款规定："国家鼓励集体经济组织、国家企业事业组织和其他社会力量依照法律规定举办各种教育事业。"其实不仅我国，还有一些国家的宪法在确立政府职能的规定中也包含了指导职能的内容，这是值得挖掘的有关高等职业教育行政指导的宪法和宪政资源。

（二）高等职业教育行政指导的法律依据

在我国社会发展的过程中，各层次法规性文件对高等职业教育行政指导已做出日益增多的规定（尽管还比较零散且不尽规范），表现为指导、引导、鼓励、提倡、奖励、帮助、支持等提法。这对于提高我国行政管理效能起到了积极作用，成为进一步完善高等职业教育行政指导规范、健全高等职业教育行政指导制度的规范基础。这些制定法规范可谓狭义的高等职业教育行政指导法律依据。例如《中华人民共和国职业教育法》第 19 条规定："政府主管部门、行业组织应当举办或者联合举办职业学校、职业培训机构，组织、协调、指导本行业的企业、事业组织举办职业学校、职业培训机构。国家鼓励运用现代化教学手段，发展职业教育。"

以上这些都构成了在我国实施高等职业教育行政指导的宪法和法律基础，值得关注和肯定。

（三）高等职业教育行政指导法律规范的特点

从我国各层次法律文件中有关高等职业教育行政指导的具体规定来看，大致有如下特点：

（1）这些规定大多数是在改革开放以来向社会主义市场经济体制转轨过程中出台的，这也说明高等职业教育行政指导是适应市场经济发展要求的行政活动。

（2）这些规定的绝对数量还不多，相对数量更少（在整个法律规范总量中只占极小的比例），尚不完全适应我国高等职业教育管理需求。

（3）多数规定相当原则，即便结合上下文来看，在理解上的伸缩性仍相当大。

（4）绝大多数规定属于微观行政管理方面的，在宏观管理方面的规定较少一些。这从一个角度反映出长期以来我国各级政府高等职业教育微观管理职能偏重的实际情况以及加快职能转变的必要性。

（5）几乎所有的规定都未对高等职业教育行政指导的救济做出计划。这也从一个侧面反映出我国法制建设实践（包括立法、执法、司法、监督等诸领域）中长期存在的"重管理、轻责任""重权力行使和效益、轻权利保护和救济"等问题。

（6）高等职业教育行政指导的名称使用得较为复杂，一般使用的是"指导""引导""鼓励""提倡""提醒""帮助""支持"等提议。在立法和行政立法中尚未见到完整地使用"高等职业教育行政指导"的提法，这也从一个侧面表明"高等职业教育行政指导"是有所抽象的概念。在我国经济、政治、文化和社会背景下，并在一定限制条件的范围内，高等职业教育依法治教所依据的"法"不仅限于上述制定法的一些规定，还可对其作广义理解。换言之，现在我国高等职业教育依法治教的"法"，从广义上理解则既包括宪法、法律、法规、规章中一切有关高等职业教育行政管理的规定，也即上述制定法规范，又应包括一些基本的法理（包括立法的精神、一般法律原则及人们对法现象所形成的其他普遍共识），在特殊条件下还包括那些尚未上升为法律规范的国家政策和一般行政规范。这是因为，实践早已证明，一些基本的法律原理、原则，在法治实践中具有难以替代的最基础且最高度的导向功能，它们在高等职业教育依法治教的过程中起着重要的指导作用，堪称是克服行政滥用、行政消极、行政疲软的一种"理性补剂"。因此，有的学者提出，如将"法"的含义加以适当扩展，把法理或正义等内容纳入进去，这就比传统"依法治教"的原则更进了一步。再者，总体而言，国家制定的政策是符合我国大多数人民群众的意愿和利益的，一般来说并不违背宪法和法律，不仅在高等职业教育依法治教中具有指导作用，而且作为一种还未通过法定程序上升为法律规范的所谓"前法律规范形态"，在尚未被法律规范覆盖的高等职业教育行政管理领域（即"立法空域"），以及在法律规范调整作用发挥欠佳之处或时机尚不成熟之际，可发挥比较直接的调整作用，其深层原因在于执行正确政策的价值取向与狭义依法治教的价值取向是相合的。

由此可见，在我国发展现代市场经济和民主政治的条件下，在行政法上没有具体法律规范的某些情况下，一些基于法律精神、原则或政策规定而实施的高等职业教育行政指导行为，也具有广义的"法"的依据，符合现代依法行政的原理，是现代依法行政的一种特殊表现形式。因此，不能仅仅看到某些高等职业教育行政指导行为没有行政作用法上的具体规定这一表面现象，就简单地得出高等职业教育行政指导行为不具有合法性、违背了依法行政原则的结论。

五、高等职业教育行政指导表现形式研究

（一）高等职业教育行政指导方式的概念和特点

所谓高等职业教育行政指导方式，是指实施高等职业教育行政指导行为时所采取的方法和形式，也即外部表现形式，或者说是高等职业教育行政指导行为的载体。高等职业教育行政指导行为具有非强制性、示范引导性、柔软灵活性、方法多样性、选择接受性等特征，它既不同于设立规范的行政立法行为，也不同于具有强制力的行政执法行为，又区别于直接产生法律效果的行政契约行为，它与这些行为共同构成行政机关的行为方式体系，相辅相成、相互配合、各有所长地调整社会生活，从而更有效地实现行政目标，它具有灵活便宜、种类繁多的特点。对于高等职业教育行政指导行为来说，解决好行为方式问题尤为重要。这是因为，高等职业教育行政指导是行政机关适应日益复杂多样化的现代社会管理需求而采取的、适用范围相当广泛和方式方法灵活多样的行为。相对于行政机关其他的行为方式，高等职业教育行政指导行为在方法论上最突出的特点是灵活多样、不拘一格和追求效率，简言之，就是高等职业教育行政指导方式的多样化，这与高等职业教育行政指导作为非权力强制行为的性质是相适应的。这一特点在高等职业教育行政指导的常用方式、一般程序和救济渠道等方面都有所体现。因此，不宜在立法上将高等职业教育行政指导的行为方式限制得过与单调、呆板。

在依法治教实务中，高等职业教育行政指导通常采取说服、教育、示范、劝告、建议、协商、政策指导、提供经费帮助，提供知识、技术帮助等多种多样的非强制性手段和方法来进行。总的来说，高等职业教育行政指导行为灵活和种类繁多的特点，是通过各种抽象指导行为和具体指导行为等行为方式表现出来的。灵活、种类繁多的行为特点，对于高等职业教育行政指导在行政实务中发挥积极作用具有重要意义，同时也是其伴生负面作用的原因之一。从发展趋势来看，高等职业教育行政指导将会长期保持行为方式多样化和不完全定型化的特点。

（二）高等职业教育行政指导主要方式分析

综观各国行政管理实务，高等职业教育行政指导行为的表现方式繁多，且不完全定型化，难以逐一排列。为便于讨论问题，本节结合国内外高等职业教育行政指导的实施现状和研究成果，以抽象型或具体型作为划分标准，将高等职业教育行政指导的常用方式大致概括为以下几种。

1. 抽象高等职业教育行政指导行为

（1）指导性计划。

计划是人们工作或行动之前预先拟定的具体内容和步骤，它本身是一种手段，适用面极广。将计划运用于高等职业教育事业发展工作中，则产生在有关高等职业教育发展的各种各样的计划，它属于抽象高等职业教育行政指导行为。

这里所谓"抽象高等职业教育行政指导行为"，即针对不特定多数对象且可以普遍、反复适用的高等职业教育行政指导行为；反之，针对具体的张三、李四、王五或陈六的高等职业教育行政指导行为，就是"具体高等职业教育行政指导行为"，仅此而已。

而且在高等职业教育行政指导实务中，"抽象"或"具体"的区分也未必如此严格、细致，经常见到均可使用、混杂使用的情形。例如"提醒"，主要表现为一种具体高等职业教育行政指导行为。

（2）导向性行政政策。

这是指政府为促进高等职业教育发展，专门发布某项行政政策和政策纲要在一定时期内实施于一定行政区域或某领域，通过利益诱导机制来影响行政相对人的行为。行政政策也可进一步作类型、层次上的划分。此类指导方式现在运用得越来越多，影响也不小。

（3）发布信息，公布实情。

现代社会是信息社会，及时、准确、系统的高等职业教育信息对于高职院校来说至关重要，颇具诱惑性、诱导性。由具有信息收集、整理和运用等方面优势的行政机关发布官方信息，提供优质的信息服务，供高职院校选择参考，无疑有利于正确引导高职院校的行为选择，保证高等职业教育事业的健康运行。这是一种运用得越来越多的日益重要的高等职业教育行政指导方式。当然，也有的学者（包括某些日本行政法学者）未将发布行政信息作为高等职业教育行政指导的一种方式，理由是此类行为缺乏利益诱导性，指导性太弱。但我们认为，在高度信息社会化的今天，有价值的信息与行政相对人所可能增进的利益之间不无关系，来自行政机关的信息对于行政相对人来说是具有参考价值和诱导性的。行政机关有意发布信息、提供信息的行为，具备高等职业教育行政指导的基本特征，理应视为一类特殊的高等职业教育行政指导方式。此外，行政机关在不侵害个人隐私和商业秘密的前提下，将某些事项的真实情况作为一种信息公布于众，引起社会广泛关注，形成某种公众评判压力，从而促使行政相对人做出符合指导者意图的行为选择，也属于此类指导方式。

2. 具体高等职业教育行政指导行为

（1）指导·引导·辅导·帮助。

即由行政机关给予高职院校以具体的指示教导、指点带领、指导帮助等等，使其能够自愿按行政机关指出的路径或符合高等职业教育目标的方向去做出行为和发展事业。这是适应面广、频率高、数量多的一类高等职业教育行政指导方式，主要是针对个别、特定的行政相对人做出的行为。

（2）劝告（规劝）·劝诫（告诫）·劝阻·说服。

劝告即高等职业教育行政机关拿道理劝说行政相对人，包括在特殊情况下以郑重规范的方式讲道理即规劝，启发开导行政相对人而使其改正错误或接受行政机关的意见；劝诫即行政机关劝告行政相对人改正缺点错误，包括严厉地劝说有错误或不正当行为的行政相对人改正缺点错误（告诫），并注意避免将来再犯类似错误；劝阻即行政机关主动和善意地劝说高职院校不要做某事或进行某种活动，避免不必要的错误和损失；说服是其中较高的境界，即通过理由充分、语重心长、耐心细致的劝说，使行政相对人心悦诚服地接受和配合指导行为，自愿按行政机关指出的方向去行为和发展。此类高等职业教育行政指导方式既适用于已然情况也适用于未然情况，具有更明显的安保功能。

（3）告知·指点（说明）·提醒（提示、警示）·提议。

即行政机关把高等职业教育发展理应知晓的事项和规定，或针对行政相对人容易疏忽和出错之处，或是行政相对人没有想到或想不到的问题和事项善意地告知（指点、说明给）行政相对人，或以平等身份从旁提醒（提示、警示），促使其加以注意和警惕，避免不必要的错误和损失，能将事情做得更好；或针对行政相对人所犯错误及其特点，促请行政相对人注意改正缺点错误，避将来再犯类似错误；或在缺乏具体法律规定的情况下解决社会问题时以正确的态度提醒、提议行政相对人认真考虑和协商拿出妥善解决办法。这是适用较广的一类高等职业教育行政指导方式，在形式上与上述第二类方法比较接近。

（4）商讨·协商·沟通。

即行政机关为了高等职业教育发展而与高职院校共同商量讨论、交换意见，以就某个事项取得一致意见；或通过商量讨论求得高职院校对行政机关某些活动的理解和主动配合，促使某些较大、较复杂的问题获得较好解决；也包括在高等职业教育行政指导过程中的某些阶段，行政机关与行政相对人之间相互"做工作"，使双方能够彼此增进了解、意愿逐渐通连、行为趋于合理，从而有助于维护社会秩序，保持社会稳定。此类指导方式体现了行政相对人参与行政过程的民主精神，即行政参与的原则，其特殊作用和社会意义是不言而喻的，行政实务中的例子也非常多。

（5）斡旋·调解·调和·协调。

即行政机关主动或根据行高职院校的要求采取某些调停措施，来协调争执双方的关系（但并非作出行政裁决、裁判），劝说发生争执的行政相对人各方消除误解、做出让步、达成妥协，以利于排解纠纷、达成共识，使双方关系配合适当、重归于好，从而促进社会稳定与协调发展。当然，此类指导方式并不具有法律拘束力和直接的法律效果，仅供行政相对人选择参考，故与行政裁决、行政仲裁、行政复议决定等行政司法行为有所区别，此点需加注意。

3. 抽象具体两可型高等职业教育行政指导行为

（1）建议·意见·主张。

即行政机关基于高等职业教育发展需求和实现行政目标的要求，对某件事情具有一定的看法或想法，或对于某项事业理应如何行动持有某种见解，则向有关行政相对人提出建议或表明意见，供其选择参考;或面向社会（不一定是针对个别、特定相对人）公开发表自己的意见和主张，听凭行政相对人自愿接受和采纳。此类指导方式也是行政实务中较常采用的，例子数不胜数。尽管它们对于行政相对人来说并无拘束力和强制力，采纳与否全凭自愿，但由于行政机关在知识、资讯、资源、信用等方面的一贯优势，所以实际上此类高等职业教育行政指导方式在一定程度上（甚至可以强有力地）影响和引导着行政相对人的行为选择。

（2）赞同·支持·表彰·提倡。

即行政机关针对高职院校的某种言行或社会上的某种主张，公开表示赞同与否、支持与否（即俗话所说的"表态"），或对高等职业教育领域内出现的好人好事公开赞扬和表彰，或指出某事物的优点鼓励大家学习、使用和实行，或对不正确言行或不当之事公开表示不赞同或提出批评，从而形成一种官方导向，积极影响和引导高职院校行政相对人的行为。

六、高等职业教育行政指导程序方面的问题探讨

（一）高等职业教育行政指导程序规定中的共性问题之分析

综观各国的高等职业教育行政指导制度，应当说在有关高等职业教育行政指导程序的法律规定方面存在的问题不少，主要包括：

（1）关于高等职业教育行政指导的程序规定，总的来说疏漏较多，特别是许多领域尚无高等职业教育行政指导程序的必要法律规定，且已有的法律规定又过于粗略，不利于高等职业教育行政指导措施合法地操作。尽管灵活多样、简便有效、富有弹性等是高等职业教育行政指导在程序上的特点，但程序规定过于疏漏毕竟易生弊端。

（2）高等职业教育行政指导是一种非强制性的行为，针对此特点或与此特点相适应的高等职业教育行政指导程序规定尚不完备、不明确。

（3）对高等职业教育行政指导进行监督、救济的相应程序规定比较缺乏和粗疏。

（二）高等职业教育行政指导程序运作中的共性问题之分析

常言道："办事没有规矩"不行，"办事不按规矩"也不行。对于已有的高等职业教育行政指导程序规定不予执行或不予认真执行，也是高等职业教育行政指导制度实践中普遍存在的问题。从实际情况看，高等职业教育行政指导在具体操作中存在的主要程序问题是：

（1）不按已有程序实施高等职业教育行政指导的现象比较普遍。例如，已有关于可依职权发动方式来实施高等职业教育行政指导的法律规定。但行政机关出于指导行为法律责任归属方面的过多考虑，而不愿主动实施高等职业教育行政指导行为，这实为行政不作为的一种表现。

（2）高等职业教育行政指导在实际操作中还存在变相强制的情况，这违背了高等职业教育行政指导的自愿性原则。

（3）高等职业教育行政指导在操作中还存在不公开、不透明的现象。例如，不认真执行提供有关材料、公开说明、通告、听证会等体现透明度的程序规定。

（4）对高等职业教育行政指导行为的程序约束的规范执行不力。表现在已有一些对高等职业教育行政指导行为进行监督制约的法律规定，但有关的行政机关不严格执行这些规定，对违反程序规范的高等职业教育行政指导行为监督制约和法律救济不力。

如上所述，在我国高等职业教育行政指导实务中，高等职业教育行政指导行为是普遍存在的，并发挥着特殊的作用，同时也存在一些制度缺陷和负面影响。其中，关于高等职业教育行政指导程序的法律规范、政策规定和惯例做法很不完备、不适当或不规范，远不适应高等职业教育法治化的客观要求。尽管不能以烦琐复杂的程序规则来束缚和抵消高等职业教育行政指导的及时、灵活等特点，但至少应当建立健全基本的高等职业教育行政指导程序规范。显然，那种一概否定或刻意回避甚至完全排斥高等职业教育行政指导，以及不重视相应的程序制度建设的态度和做法，都是不现实、不理智、不可取的。我们应当坚持公开、科学、民主和法治等重要原则。采取多方面的有效措施逐步完善高等职业教育行政指导程序制度，发挥出高等职业教育行政指导的积极作用，克服其消极作用，切实提高高等职业教育行政指导的法治化程度。

七、高等职业教育行政指导实务中存在的问题

从高等职业教育行政指导实务来看，高等职业教育行政指导一方面具有许多特点和特殊功用。但同时也存在一些不可忽视的缺陷，操作中会产生一定的负面效应，这

正是高等职业教育行政指导制度还不够成熟和完善的表现，亟须加以有效的法律约束，以减小高等职业教育行政指导行为失范所带来的负面影响和社会成本。高等职业教育行政指导的现实问题中，除了人们对高等职业教育行政指导的性质、作用、方式等的认识尚不一致，即普遍存在的一系列认识问题以外，还较普遍地存在诸多规范性、制度性、实践性问题，需要按照行政法治原则加以系统研究并妥善解决。

（一）行为界限模糊

由于高等职业教育行政指导是政府职能转变过程中出现的一类积极行政活动方式。具有行为依据多样性、适用范围广泛性、运用时机灵活性、行为方式多样性，以及对于相关行为（例如行政处罚行为）的替代性、前置性等诸多特点。加之目前人们对于行政指导行为的研究和知晓程度不够，因此它与行政主体的其他行为方式的区分界限尚不十分清晰。

（二）行为不够透明

尽管高等职业教育行政指导行为具有需要保持及时灵活的特点，不宜设定过多过繁的程序规范捆住高等职业教育行政指导者的手脚，但最基本的程序约束也是高等职业教育行政指导法治化的内在要求，行政管理者的行为如果缺乏约束必然走向反面。从实际情况看，由于缺乏必要的程序规范约束，不少高等职业教育行政指导行为缺乏应有的透明度，因而极易产生弊端。

（三）动机不尽纯正

一般说来，行政机关实施高等职业教育行政指导是出于社会公共利益而积极履行法定职责。但是，在现实社会生活中也难免出现高等职业教育行政指导者在做出指导行为的过程中掺杂了一些不正当考虑的情况。例如，对应当考虑的因素不予考虑，对不应当考虑的因素却过多考虑，等等。加之高等职业教育行政指导行为总是由行政机关的工作人员来实施的，而对行政工作人员来说很难保证他们中的每一个人都具有高素质以及其所有行为都出于正当考虑，所以某些高等职业教育行政指导行为的动机不尽纯正这一点，也是必须解决的问题。

（四）关系尚未理顺

在实施高等职业教育行政指导的过程中，指导方与受指导方之间应是一种非拘束性的指导与受指导的关系。但在现实社会生活中，有关各方之间的关系常常比较微妙，难免会出现不能正确认识和扮演好自己的角色，因而发生角色和关系混乱的现象。例如，有的高等职业教育行政指导者实际上变成了发号施令者，本来具有行为选择权的相对人却出于不正当的自身考虑而一味盲目服从高等职业教育行政指导，指导者与受指导者之间形成一种不适当的"胶着"关系，等等。

（五）保障变成强制

在相对人不接受、不配合高等职业教育行政指导的情况下，行政机关常常根据有关法律规定或行政习惯采取某些保障措施，来确保高等职业教育行政指导的实效性。如要求相对人向行政机关做出报告，公布高等职业教育行政指导的意旨，公布该相对人不服从高等职业教育行政指导的事实，撤回已做出的授益行为，予以不利的处分，受理申请的保留，授益处分的保留，签约申请的保留，等等。这时，一旦掌握不好分寸，极易变异成实际上的强制行为，产生损害相对人合法权益的后果。这个问题在许多国家的行政实务中都是比较普遍和突出的，需要认真研究和妥善解决。

（六）监督力度不足

俗话说，"失去监督的公共权力必然走向滥用"。由于高等职业教育行政指导行为具有公共权力背景，而且还可能存在主观专断、公器私用、不正当考虑等情形，具有造成公民合法权利伤害和损害政府形象的可能性，因此必须予以有效的监督制约，防止发生偏差和滥用的情况。但实际上由于认识、体制、经验等方面原因，现在对于高等职业教育行政指导的监督机制远不完善，亟须通过考察借鉴完善监督机制，从内部监督和外部监督两个方面加大对高等职业教育行政指导的监督制约。

（七）责任不甚明确

由于高等职业教育行政指导行为不具有强制力，而且一部分指导行为没有具体的法律依据，相对人是否接受和配合该项高等职业教育行政指导措施也全凭自愿，加之高等职业教育行政指导的方式方法多种多样。因此一旦出现失误和造成损害，往往难以明确责任和及时纠正，不利于进行相应的救济。正因为如此，某些责任不甚明确的高等职业教育行政指导行为或其保障措施，甚至被人们视为行政机关规避法律监督、逃避法律责任的一种表现。这也是高等职业教育行政指导目前受到某些批评的突出问题和重要原因之一。

（八）法律救济乏力

因无明确具体的制定法规定和判例约束，行政相对人很难就有争议的高等职业教育行政指导行为申请复议、提起诉讼和要求赔偿。使得高等职业教育行政指导造成的某些利益损害很难得到有效救济，这是许多国家目前比较普遍存在的问题，在行政法律救济制度尚不完善的我国亦如此。其直接原因还在于，尽管现在我国各层次法规性文件对高等职业教育行政指导已做出日益增多的规定（规定得比较零散且不尽规范），也即已具有不少狭义的高等职业教育行政指导法律依据，但这些制定法规定几乎都未对高等职业教育行政指导的法律救济问题做出明确的制度安排。这也从一个侧面反映出我国法制建设实践（包括立法、执法、司法、监督等诸领域）中曾长期存在的"重权力分配和行使、轻权利保护和救济"之弊端。而任何缺乏必要法律救济制度保障的行政措施都难以得到人们的认同和信任，难以达到预期的行政目的。因此加强和完善高等职业教育行政指导救济机制，特别是建立健全有关的司法救济制度，改变对高等职业教育行政指导的救济乏力的状况，已成为当今高等职业教育行政指导制度建设的重要任务。

八、建立科学合理的高等职业教育行政指导责任与救济机制

现代行政是责任行政，高等职业教育行政指导也不例外。采取高等职业教育行政指导措施既可能达到预期的行政目的，也可能失误和违法侵权而损害相对人的合法权益。这里就存在一个"有关责任由谁承担、如何承担"的问题。

（一）关于指导方的法律责任

尽管高等职业教育行政指导行为不具有国家强制力，听从指导与否听凭行政相对人的自愿。但如果高等职业教育行政指导行为本身违法、违反政策或不当，而行政相对人在接受指导时无法识别判断出这一点，听从指导由此产生了危害后果，其责任应由指导方即实施该指导行为的行政机关承担；如果实施高等职业教育行政指导行为之后又出尔反尔予以否认，给行政相对人造成信赖利益损失，则应由指导者承担责任；如果理应实施高等职业教育行政指导却害怕承担责任而不做出高等职业教育行政指导，则该行政机关就未能尽到职责，应当受到行政效能监察的监督，承担违背行政组织法的失职责任；如果高等职业教育行政指导行为既不违反法律和政策，又无不当之处，即没有重大过失，则该行政机关不承担法律责任，如果产生了什么后果则由自愿接受指导而采取行动的相对人承担。笔者迄今见到的一些高等职业教育行政指导判例，基本上体现了上述各项原则。

（二）关于受指导方的法律责任

行政机关在行政相对人可能做出违法行为时，对之进行劝告、告诫、提醒、建议等高等职业教育行政指导。如果相对人不听从指导，仍然实施了违法行为，其责任当然由相对人承担，这一点毫无疑问；如果行政相对人在接受高等职业教育行政指导时已识别判断出该高等职业教育行政指导措施违法、违反政策或不当，却出于个体利益的某些考虑而自愿服从指导并产生了损害后果，其责任由受指导方即该相对人自己承担。在相对人虽已识别判断出该高等职业教育行政指导行为违法、违反政策或不当，本来也不愿服从该高等职业教育行政指导，但事实上又服从了该高等职业教育行政指导的情况下，如果该行政相对人能提供关于行政机关实施高等职业教育行政指导时实际上已为此采取了或变相采取了强制措施来迫使自己就范之证明（实际强制力之证明），而且此证明能够得到确认，则该相对人可以免责，而由指导方承担责任。

（三）高等职业教育行政指导的救济机制

高等职业教育行政指导行为与行政处分行为一样，难免会发生失误和造成损害。因此必须建立相应机制，以明确和追究责任，并在此基础上实施法律救济。就行政机关即指导方而言，其承担高等职业教育行政指导责任的原因、条件和形式是多种多样的，相应的救济渠道和方式也应是多种多样的，如申诉、复议、诉讼、赔偿、补偿等。建立科学合理的行政指导的责任机制和相应的救济制度，其目的首先是保护行政相对人的合法权益，同时要保护行政机关认真履行职责而实施高等职业教育行政指导，以维护社会权益、达成行政目标的积极性。

1. 高等职业教育行政指导可诉的必要性及可行性分析

（1）高等职业教育行政指导可诉的必要性。

高等职业教育行政指导是一种权力行为，是行政权运行的一种表现。高等职业教育行政指导作为政府行为的一种手段，虽然不具有直接的强制力，但政府在实施行政指导时，拥有广泛的行政自由裁量权。权力很容易被滥用，高等职业教育行政指导也不例外。行政指导权的滥用必然会严重侵犯行政相对方的合法权益，要防止滥用权力。就必须以法律控制行政指导的运作，以相应的法律责任作为其基本保证。

高等职业教育行政指导虽不具有法定强制力，但这不能否认其具有事实强制力。在当今中国，行政指导的相对方对于行政指导的接受与否虽然有意志自由，但这"自由"往往很不充分，至多也只限于原则而已。行政机关以不服从行政指导便加重责任、撤销许可等条件来影响相对方，直至对方自愿接受。根据行政机关在法律上或事实上的管理地位，实际上与有法律拘束力的公权力的行使具有相似的作用，否认其具有可诉性。我们不能因为非强制性特点而否认其事实上的强制力，从而使行政指导逃避行政法的控制。

（2）高等职业教育行政指导可诉的可行性。

尽管我国法律并未明确行政指导可诉，但这并不意味着行政指导不应纳入行政诉讼的受案范围。当前，从法院行政审判的角度，研究是否将行政指导列入行政诉讼的范围及其理论依据对于保护行政相对人的合法权益已显得必要而迫切。《中华人民共和国行政诉讼法》第2条、第11条、第12条对行政诉讼的受案范围作了规定：第2条采取概括式，规定凡行政机关及其工作人员具体行政行为侵犯公民、法人或者其他组织合法权益，行政管理相对人均可提起诉讼；第11条采取肯定列举式，具体列举了八种可诉的具体行政行为；第12条采用否定列举式，规定了不可诉的四种行为。以上列举式规定均未提及行政指导可诉性问题，而第2条概括规定从字面上理解应包括一部分实际侵犯行政相对人合法权益的行政指导行为。对于《行政诉讼法》采取的是哪种标准（列举式还是概括式），行政法学界历来有争议。笔者认为，随着行政法理论与实践的不断拓展，也为了更充分的保护相对人的合法权益，法院在根据《行政诉讼法》确定受案范围时宜采用概括式和否定列举式并用的原则，即凡不是法律、法规有明确规定不列入行政诉讼范围又符合《行政诉讼法》第2条规定的，都应允许提起行政诉讼。从我国现行有关法律规定来看，并没有完全否认行政诉权和胜诉权的区别。诉权是当事人的一项宪法性权利，是一项基本人权，凡是权利受到侵犯的，受害人均有权提起诉讼。受到的侵害可以是有形的或无形的，可以是直接的或间接的。因此，凡是可能对相对人的利益有影响的行政权，相对人均可提起诉讼。至于胜诉与否是另外一个概念，有必要加以分别。最后，有的国家规定只对强制行为可提起诉讼；有的规定对非强制性行为也能提起诉讼；有的国家规定只有行为给相对人造成现实的直接损害的情况下，可以提起诉；而有的规定只要行政行为给相对人造成可能的间接影响时即可对之提起诉讼。如此看来，行政指导的可诉性并非存在很大的理论障碍，只不过是选择的结果不同面已，这是国家的政治、经济、文化和法治状态所规定的。就我国目前而言，行政机关具有广泛的行政权，自我约束权的能力不强，机制不完善。这一切决定了我国有必要、有可能将行政指导纳入行政诉讼的受案范围。司法是最后的救济途径，以司法途径救济行政指导给相对人造成的损害，才能有效控制权力的滥用，充分保障公民的合法权益。以法律监控行政指导，不能让权力的运行游离于法律之外，从而杜绝法治的空洞化的异化现象出现。

2. 高等职业教育行政指导诉讼的具体构想

笔者认为，相对人只要认为高等职业教育行政指导侵犯其合法权益均可向法院提起行政诉讼，针对行政指导的不同情形应做出不同的结果。如果行政指导本身违法，则相对人可要求行政指导者承担行政赔偿责任。在责任范围上，因为违法的行政指导既能造成直接损失，又能造成间接损失，所以行政机关既要赔偿相对人的直接财产损失，又要赔偿相对人因实施了违法指导而受到的制裁损失。如果违法的行政指导给相对人的名誉造成不利影响而带来间接损失的，行政机关也应该酌情给予赔偿。如果是不当的行政指导，即行政指导的内容虽然合乎法律，但因行政指导者自身的信息或情报有误，而误导了被指导者，结果使被指导高职院校受到较大损害的，由于行政主体处于优越地位，在占有信息、情报等方面都具有全面性和权威性，从而作为相对人的高职院校完全有理由信赖行政机关的行政指导并做出接受指导的选择。因此，应责令行政机关承担行政补偿责任，补偿相对人的直接损失。如果行政指导本身是无瑕疵的，只是因为意外而使相对人遭受损失，这时基于信赖保护原则，法院应判决行政指导者向被指导者赔礼道歉，并适当给予一定的经济救济。

第五章 新时代高等职业教育科学发展结构

高等职业教育结构是指高职教育系统内各要素之间的联系与比例关系。同时，它又是大教育结构中的一个子结构，与我国政治、经济、科技、文化等其他系统有着密切联系，受政治、经济、科技、文化等因素的影响和制约。从宏观层面分析，高职教育结构由专业结构、层次结构、形式结构、布局结构等要素构成。

第一节 高等职业教育结构的含义、特征与类型

一、结构的含义

在我国，关于"结构"一词最早出现在东汉时期。当时主要用于房屋的构造，如土木结构、砖瓦结构等。进入 20 世纪，随着科学技术的发展，物质结构越来越呈现出多样性和复杂性特征，使人们逐步意识到，只有把握事物在结构上的内在联系，才能更好地认识和改造事物，从而更好地利用它来为人类发展服务。有了这一认识基础，研究物质结构的学科开始孕育。而且，在不长的时间内就有了一定的发展。伴随着研究的深入以及研究的范围不断扩大，已经延伸到社会生活领域，经济结构、教育结构等一批新兴学科，无论在广度还是在深度上都有了突破性进展，学科体系基本成熟。

二、高等职业教育结构的含义及其特点

高等职业教育结构是指高等职业教育系统内各要素之间的联系方式和比例关系。它是一个多维度、多层次、多样化的综合结构。高等职业教育结构又是教育结构中的一个重要组成部分。它与我国的政治、经济、科技、文化等其他系统有着密切的联系，但也受社会等多种因素的影响和制约。就高等职业教育来说，它是一种特殊类型的高等教育。因此，其结构又有相对的稳定性、明显的层次性和高度的开放性。

（一）稳定性

就高等职业教育结构本身而言，其基本要素不会经常发生变化，内在发展具有相

对的稳定性。高等职业教育结构从宏观上来说，一般由体制结构、层次结构、形式结构、布局结构、专业结构等要素构成。不论教育制度如何变化，不论高职教育以何种速度发展，都离不开这些基本的要素。正因为这些构成要素的相对稳定性，决定了高等职业教育特定的质和量的规定性，形成了高职教育特有的办学功能。

（二）层次性

高职教育结构与其他任何事物的结构一样，具有明显的层次性特点。按照高职教育的性质划分，可以分为宏观层次结构、中观层次结构、微观层次结构。按照教育结构的功能划分，可分为表层结构和深层结构。

（三）开放性

如前所述。高等职业教育结构是教育结构中的重要组成部分，而且与社会、经济发展，特别是区域经济的发展联系得非常密切。所以，高等职业教育结构是置于社会、经济发展的大环境中运行的，具有高度的开放性特点。也就是说，开放渠道越畅通，高等职业教育结构中的要素就越活跃，要素内外碰撞的机会就越多，在动态变化中与社会、经济系统的交流就越广泛，高等职业教育的适应性也就越强。

三、高等职业教育结构的类型

（一）专业结构

高等职业教育专业结构受到方方面面的影响和制约，但主要受经济结构的制约。所以，经济结构直接决定高等职业教育结构的调整与改革的方向。高等职业教育是直接为区域经济服务的，区域经济结构特别是产业结构和技术结构调整和改革对高等职业教育专业结构的改革与发展影响很大。反过来说，区域经济中的产业结构、技术结构是高等职业教育专业结构调整、改革、发展的主要依据。因此，高等职业教育专业结构的调整与提升必须从产业结构调整、发展的大局出发，考虑和研究区域范围内的专业结构问题。在专业结构问题上，既要考虑办学的超前性，又要考虑区域产业结构发展的特点；既要服从区域经济发展水平的要求，又要通过自身结构的优化，更好地服务于区域经济的发展。

（二）层次结构

高等职业教育的层次结构是由我国的政治制度、区域经济发展水平、文化发展方向等多种因素决定的。高等职业教育层次结构的主要任务是最大限度地满足区域经济发展的需要，按照各层次人才需求的比例来培养各种不同层次的技术应用型人才，促进经济结构、产业结构、技术结构与高等职业教育层次结构的协调发展。高等职业教育的层次结构主要由专科层次的高等职业教育、本科层次的高等职业教育、研究生层次的高等职业教育构成。根据我国的基本国情和经济发展水平对技术应用型人才的实际需求。现阶段仍以发展专科层次的高等职业教育为主，形成以专科层次的高等职业教育为主体，以本科层次的高等职业教育、研究生层次的高等职业教育为两翼的层次结构模式。但是，我国经济发展是不平衡的，就经济发达地区来说，高新技术产业已经成为其主导和支柱产业。因此，这些经济发达的中等城市应以发展本科层次的高等职业教育为主，按照需求配置专科层次的高等职业教育资源，以及适度发展研究生层次的高等职业教育。高等职业教育层次结构的调整与提升应与区域经济发展水平和生产力发展水平相适应。

（三）形式结构

高等职业教育的形式结构涵盖了高职院校教育和职业技术培训两部分内容。高职院校教育是一种正规的、长学制的、以人力规划为基础的、以学校为主要基地的学历教育。而职业技术培训则是一种紧密结合市场需求和区域产业特点，根据职业岗位和转岗的特定需要而传授相关的知识和技术的教育，人们一般习惯称它为非学历教育。

高等职业教育要不要发展职业技术培训，国内高等职业教育界一直存在着分歧。我们认为，既要发展学校形态的高等职业教育，又要发展职业技术培训，要两者并举，要协调发展。

高等职业教育要调整培养目标，既要为区域经济发展提供优秀的技术应用型人才，又要为社会每一个成员在他们需要的时候提供能满足他们转业、转岗要求的学习机会。

在高等职业教育的发展道路上，既要重视高职学校教育的发展，也要重视职业技术培训的发展。走学历教育与非学历教育并举，职前教育、在职教育、转岗转业教育相互沟通，协调有序的发展道路，以满足不同支付能力的个人需求。

（四）布局结构

高等职业教育布局结构与我国社会、经济、人口发展有着十分密切的关系。高等职业教育机构主要布局在中等城市，这是由高职教育突出为区域经济和行业发展服务，为生产一线和广大农村培养技术应用型人才的办学目标所决定的。

在经济大发展的宏观背景下，中央提出了以新思路推动中国的城市化进程。这为我国高职教育布局结构发展提供了机遇和空间，高等职业教育将成为我国区域经济发展和城市化建设的加速器。因此，高等职业教育布局结构应把握好几个原则。

按照学区（School District）配置高职教育资源的原则。在规划高等职业教育布局结构时，应坚持按照学区配置高等职业教育资源，以避免高等职业教育资源的浪费。根据我国国情和经济发展不平衡的现实，按照区域和人口划分学区，每40万人口居住范围内设置一所高职教育院校。依据这一观点，高职教育布局结构主要向中等城市和经济比较发达的县级城市发展。

社会需求的原则。高等职业教育的布局结构必须以社会需求为目标，以经济供给能力为支撑，确保高等职业教育布局结构与区域经济的发展相协调。以此作为高等职业教育布局结构调整、发展的重要依据，作为省级政府部门审批新建高等职业教育院校的重要依据。

合理分工的原则。除了普通本科院校的二级职业技术学院外，独立设置的职业技术学院应本着"面向区域、专科为主、资源共享、突出发展"的思路，各区域之间要合理分工，形成各自的特色，坚决防止一哄而起、盲目布局的现象，以实现最优化的布局结构。

相互协调的原则。高等职业教育由数量扩张向质量提高方向发展，这将成为 21 世纪高职教育发展的目标选择。在发展过程中，数量、质量、结构、效益要相互协调，同步发展，从而构建科学的、合理的高等职业教育布局结构体系，推动高等职业教育可持续发展。

第二节　高等职业教育结构的优化

一、协调发展：高等职业教育结构优化的内在要求

高职教育的基本要素是相对稳定的。但是，每一构成要素（如形式结构、层次结构等）的内容是随着我国社会、经济发展的变化而变化的，是一个动态变化的发展过程。因此，高等职业教育要根据社会、经济的发展水平和要求，制定切合实际的、可操作的高职教育结构内部的发展目标，如教学结构、管理结构等，使之协调发展。

根据区域经济结构、产业结构、技术结构的特点，结合学校的优势，明确学校的发展重点，优化和提升专业结构。在专业结构提升过程中，要处理好社会需求的多样性和多变性与学校教育稳定性、学校教育资源的可利用性的关系，从而使专业结构更符合区域经济发展要求，更符合技术发展的前沿水平。

学校的办学理念要体现时代精神、高职特色、教学特点、学生特长。这就要求我们的办学者，在调整高等职业教育结构时，要充分贯彻素质教育思想，充分体现终身学习理念，充分体现教育个性化和效益化原则。三位一体，整体考虑，实现形式结构、层次结构、布局结构最优化、科学化，使高等职业教育结构内部的每一环节衔接有序、高效运行。

二、全面适应：高等职业教育结构优化的目标选择

全面适应。其内涵有以下：一是高等职业教育结构的调整与提升应以社会需求为目标，主动适应社会结构、经济结构、产业结构、技术结构的变化；二是高职教育结构的调整与提升应以社会公民的职业发展为目标，为每一个社会公民提供继续学习的机会和条件。

（一）高职教育结构是一个开放的系统，对社会每一个公民全方位开放

只有全方位开放，才能达到全面适应的目的。也就是说，高等职业教育只有对社会界、经济界、文化界全面开放，才能使高等职业教育结构与社会大系统相适应，社会才能有目的、有计划地向高职教育提供资源和财源。

（二）全面适应的核心是准确把握高等职业教育的改革走向

在发展战略上，高等职业教育由"事业"向"产业"转变；在发展目标上，高等职业教育由资源型向需求型发展；在发展规模上，由数量扩展型向质量提高型转变；在办学形式上，将更加重视非学历教育规模的发展；在人才培养上，重点开发学生"看不见的知识"；在管理模式上，由资源管理向知识管理转变。这些重大变革，既是高等职业教育结构优化的目标选择，也是高等职业教育未来发展的战略要求。

三、宏观规划：高等职业教育结构优化的条件保障

市场经济的建立，使高等职业教育面向社会自主办学的权限更大了，面向社会开放的领域更广了，高等职业教育结构优化与提升的空间更大了。但是，这并不意味着政府可以放松对高等职业教育结构发展的调控与管理。从目前高等职业教育发展的实践看，市场确实存在一定的盲目性。人才市场反应社会需求有两个明显特点：一是波动性；二是滞后性。如果高等职业教育发展跟着市场感觉走，必然会使高职教育的专业结构、层次结构、形式结构的调整与发展失去依据，失去方向。因此，政府必须加强宏观规划、政策引导、质量监控、分类指导，以保证高职教育结构发展的方向。

四、高等职业技术教育规范性结构优化

目前，我国的高等职业教育在数量和规模等实体性结构方面的扩张已成事实。但在制度和规范性层面上，尤其是在发展定位上，仍有很大的调整与优化空间。

（一）适应性定位取向

除了适应经济发展对人才的需求以外，适应社会的发展和要求是教育活动的一条基本规律，也是建立规范性教育结构的一个基本途径。对于我国当前的高等职业教育

来说，适应我国自古以来所形成的地位竞争传统意识，是我国高等职业教育发展定位中一个不可忽视的重要方面。

1. 注重引导的实际效果

引导是适应的途径之一。对于人们存在过度的地位竞争意识，完全有必要进行适当的引导，逐步予以匡正。然而，目前我们在这方面引导的效果并不理想。究其原因，一是缺少用工制度和待遇报酬等经济政策的辅助；二是某些宣传所产生的负面效应的抵消。目前值得我们重视的一个现象是，一方面我们在引导人们消除"唯学历"思想的影响；而另一方面却在为高学历竞争大做宣传。多年来，不惜一切代价把子女培养成大学生的动人故事不时见诸报端和电视屏幕。这种做法对于唤起人们的重教观念起了很大的作用，但是也产生了一定的负面效应，其将存在于大众思想深处的"万般皆下品，唯有读书高"的传统观念与当今重视知识和人才的大政方针搅到一起，披上了合理合法的外衣。似乎只有上大学才能成为人才，只有培养出大学生才是好家长。每年高考前后，各种媒体足足要花上将近一个月的时间进行有关复习迎考、考场环境、成绩分档、阅卷查分、新生报到等宣传。其声势之大，足以与全国人民代表大会相提并论。相比之下，赋予"人才"的新含义，对人们走出"唯学历"误区有重大指导意义的中国第一次全国人才工作会议，则受到极大的冷落。教育发展是我国科教兴国战略的重要组成部分，有关国之兴衰。如此自相矛盾、互相抵消的现象，不利于我国人才培养大政方针的贯彻与实施。千百万人的习惯势力是最可怕的势力。因此，我们不能忽视在每一个细小环节上的正确引导。

2. 正视地位竞争存在的现实

适应的另一途径是分析某一现象存在的基础，尊重并服从事物发展的客观规律。任何一种传统观念的存在都有它一定的合理性与必然性。一方面，我国教育发展中过度的地位竞争意识与我国几千年封建社会的历史和我国较为落后的经济发展现状直接有关，必须随着我国社会经济的发展逐步匡正，而不可能在短期内有很大的改观。另一方面，地位竞争意识的存在是一种必然，任何一个国家和民族都不例外，我们必须予以正视。美国的职业技术教育观念在20世纪60年代有过一次很大的改变。当时的人们认为，原有的职业技术教育模式对处境不利的弱势群体是不公平的，没有为他们上升到主流阶层提供任何机会，造成了社会阶层的再生产。美国的《1963年职业技术教育法》强调，职业技术教育应为受教育者在职业和个人发展方面做准备。美国的《1968年职业技术教育修正案》进一步强调，教育不应分为普通的、学术的和职业的教育。原因是，一方面职业技能对于任何教育都是必不可少的；另一方面，受教育程度的提高有利于更好地就业。对于我国当前的高职教育来说，人为地限制高职教育的层次尽管有很充分的理由，但显然不利于它的顺利成长。而且，从社会民主的角度看，不利于社会平等。因此，对于学习与就业之间衔接的高等教育而言，可能当前更重要的是提高普通高等教育的职业技术内涵，而不是限制职业教育的层次。而对于高职教育来说，唯有在坚持多样化发展和尊重区域性差异的基础上进行适当的宏观指导，才有利于建立科学合理的层次结构。

（二）办学多样化定位取向

马丁·特罗的高等教育发展三阶段理论是对美国及一些西欧国家高等教育适应社会需求而自然发展的描述。它告诫我们高等教育发展必然与相关环境与条件的变化相伴而行的预警理论，而不是目标理论。当然，这并不意味着我们不能人为地将其作为目标。然而"三段论"的这一真正内涵却提醒我们，当我们人为地将它作为目标时，必须重视并营造它产生所需要的环境与条件。其中最为重要的条件之一，就是高等教育的多样化。目前我国高等职业教育入学和就业的现实似乎在告诉我们，在我国地位竞争意识尤其突出的社会环境中，高职教育的办学多样化尤为重要。

1. 短期教育与预备教育两者兼顾

有专家认为，我国目前还不适宜提什么产业结构提升，而应通过 OEM（授权贴牌生产）的途径，争取世界制造业的中心地位。实际上，我国经济建设的 OEM 现象已经成为现实。这一现象使得高级专业技术和技能型人才的需求不仅量大而且十分急迫。教育部组织实施的紧缺人才培养工程正是应对这一形势的有效举措。根据国际权威专家预测，随着中国经济的稳步增长和电子商务的蓬勃发展，特别是中国加入 WTO 之后。在未来几年内，中国将成为世界主要的原始设备生产基地，世界 1/3 的 OEM 商务将转移到中国。到 2005 年，中国将有可能占有 1~3 万亿美元以上的世界 OEM 市场。而且，根据韩国和中国台湾地区的经济依靠 OEM 起步的经验，我国的这一经济发展形态可能会延续一个阶段。因此，建立与我国世界制造业中心地位相配套的人才培养长效机制应立即纳入议事日程。目前教育部组织开展的两年制短期高等职业教育研究和探索正是建立这一机制的重要组成部分。对于高等职业教育来说，应根据不同地区、不同行业、不同时期的不同要求，积极、迅速而又有效地为生产第一线培养各类紧缺的高级专门人才。需要提醒的是，在我们开展短期教育培养紧缺人才的同时，绝不能忽视人们传统的地位竞争的需求。换句话说，高等职业教育与普通高等教育之间的衔接渠道必须随时保持畅通。我们应该在高等职业教育中开设进入高一级教育需要的预备教育课程，并使其逐步规范化，纳入我国高等教育整体发展的规范性结构之中，满足已经进入高职且有志于进一步深造者的需求。

2. 普通高等教育与高等职业教育的相互补充与整合

根据高等教育规范性结构的整合性取向理论，各种旨在适应社会发展和经济建设的个体性教育活动只能在教育的整体上达到预定目标。我国高等职业教育是高等教育的一部分，是高等教育的一种类型。因此，应在与普通高等教育活动的整合中发展。

目前，我国高等职业教育尚不成熟，虽然在职业训练、就业导向等实践性教育环节上有一定的经验，但在诸如教育教学管理等方面则需要尽快加强。另一方面，我国的普通高等教育相对较为成熟，却因注重学术忽视实用而面临种种挑战。因此，根据教育活动内在统一性的特点，通过两者之间的协调和补充，形成比较合理的发展和活动策略，可能将有利于我国高等职业教育的发展。

我国高等教育目前采取的是较为合理的内涵式发展模式。合理之处在于它在一定程度上挖掘了现有的潜力，防止了盲目新建。然而，内涵是对高等教育整体而言的，而不是将高等教育的各种类型割裂开来看的。因此，内涵发展还应有另一方面的内容与要求，那就是现有力量之间的相互协调与补充。目前，我国普通高等教育与高等职业教育两者的发展存在两张皮的现象，缺少相互的补充与交流，没有发挥整合的优势。从发达国家高等教育发展的经验来看，不同高等教育类型之间相互协调和补充的整合式发展，既有利于各种类型的个体发展，也有利于高等教育的整体发展。针对我国地位竞争意识较强的特点，从规范性结构优化的角度来说，类型与层次交叉的整合性结构，应是我国高等职业教育和整个高等教育发展较为理智的选择。在这方面，我国台湾地区高等职业技术教育的发展便是一个十分有力的说明。（《国际教育标准分类》1997 年新版）将大学专科和本科及硕士研究生教育纳入同一等级，而且专科、本科和硕士研究生教育均被分成以理论为基础的、为从事研究或从事高技术工作做准备的 A 类课程计划，和实用的、技术性的、具有职业特殊性的 B 类课程计划。可见，高等教育类型与层次双方你中有我、我中有你的交叉整合是全球高等教育发展的一个共同现象。菲力普·福斯特（Philip Foster）认为，只要普通教育的课程具有一定的就业倾向。那么，职业教育对于社会发展的目标就是没有意义的。有研究表明，对于一些发展中国家来说，职业教育是提供技术劳动者的重要途径。然而，它的回报率却低于普通教育。因此，随着社会进步对机会均等的逐渐重视，职业教育将渗透到各个相关层次的教育之中，而目前意义上的职业教育有可能会渐渐淡化成短期职业培训。总之，社会的变迁是永恒的，因此职业教育应该是一个终身过程，是贯穿于整个教育过程之中的、以培养人的应变能力为主要目标的终身教育。

第六章　新时代高等职业教育科学发展效益

在协调好高等职业教育科学发展速度和结构之后，高等职业教育将会走上一个健康的良性发展阶段。从经济角度如何衡量高等职业教育发展的效益和从社会角度如何衡量高等职业教育的发展效益值得我们进一步探索。

第一节　高等职业教育科学发展效益内涵及评价标准

一、高等职业教育科学发展效益的内涵

教育的效益，有教育内部效益和外部效益之分。所谓内部效益，是教育的内部产出与投入之比。内部产出指的是教育过程的直接结果，如学生知识技能的形成、智力能力的提高、思想品德的变化和人生观和世界观的形成、身体素质的提高和心理素质的养成等。所谓教育的外部效益，是教育所培养出来的人输送到物质生产部门后因教育程度的提高而为社会创造更多的价值时产生的，是教育对社会发展贡献大小的度量。当然，教育的内部效益与教育的外部效益是密切联系的。内部效益是以培养出来的人能发挥社会效益为前提，其效益的高低又直接影响教育外部效益的大小。一般而言，高等职业教育是公益性和产业性特征明显的教育，其内部效益和外部效益统一于公民素质的提高和为经济社会发展服务。

效益准则是高等职业教育评估的基本准则，但不能像工商组织那样运用之。对效益准则在工商组织及经济活动中的运用是不难理解的。因为作为货币表现形式的金钱为其投入和产出提供了共同的衡量尺度，以追求最大化的效益。而在高等职业教育领域，关于效益的任何观点往往都不同程度地受到高等职业教育目标和教育规律的挑战。因为高等职业教育产出的是通过教育过程而转化出来的获得了知识技能与能力、思想品德与态度、身体素质与心理素质等方面活生生的高技能人才。这些活生生的高技能人才既通过其数量，更通过其质量，体现着高等职业教育系统的效益。要定量的测量与评估这种教育效益特别是高等职业教育系统的效益，目前仍然受到方法论方面的严重限制，很难直接度量。但是，高质量的教育投入是高质量的教育产出的前提和保证，

这是教育经济学的一条基本原理。据此，可以用高质量的教育投入指标来"替代"部分教育产出——教育质量，从而间接地衡量教育效益，使教育的投入、产出和效益协调一致。

高等职业教育科学发展的效益不但包括了接受投资的对象和受教育者本人所获得的收益。同时还包括了上述主体不能完全占有，从而成为社会其他成员所共同享有的各种有形或无形的收益。高等职业教育投资效益可分为两个方面：即间接效益和直接效益。间接效益包括为社会带来的宏观效益和利益以及给整个国民经济带来的经济效益。直接效益是指高职院校培养高技能人才的数量、质量，高职院校科技成果的转化、推广以及为社会服务的好坏等方面所体现的效益。因此，计算高职院校投资效益首先要考虑个人的投资效益，其次考虑教育单位即高等院校的效益，最后综合评价高等职业教育的宏观投资效益。

二、高等职业教育科学发展效益评价标准

目前，我国高等职业教育总体规模的扩张，主要是通过增设新的院校来实现的。高等职业教育院校规模与效益并未明显提高。以经济较为发达的江苏省为例，其独立设置的高等职业技术院校 48 所，在校生 107774 人，校均规模为 2250 人；本科院校设置的二级职业技术学院 17 所，校均规模约 600 人，在校本科生为 10000 人。根据我们的预测，2005 ～ 2010 年，江苏高等职业教育在校生规模将保持在 55 万人左右。独立设置的高职院校数应控制在 55 所左右才较为合理，不能再大规模增设新的院校。用发展的观点看，要实现全面建设小康社会的宏伟目标，江苏高等职业教育还需要有一个较大的发展过程，使全省高等职业教育总体发展规模与全面建设小康社会的目标相适应。因此，在规划长远发展战略时，必须把发展规模与效益作为一项重要评价指标。从江苏实际情况看，未来高等职业教育的增长主要不是以学校数量的扩张为导向的，而是以挖掘现有学校潜力、提高现有学校的内部效率、扩大现有学校办学规模为目标。盘活高等职业教育的"存量"，使之成为高等职业教育的"增量"，实现高等职业教育总体规模由数量型向质量效益型发展。发展规模与效益评价的标准指标：规模效益，数量扩张的形式。

第二节 高等职业教育科学发展效益评价

一、建立高等职业教育经济效益评价指标体系的意义

（一）是政府发展经济的需要

科学技术是第一生产力。要实现经济发展的战略目标，必须把教育放在优先发展的地位，这是实施科教兴国的前提，也是知识经济时代的重要特征。作为高等职业教育，能否实现社会赋予的任务，关键要看其培养的高技能人才的质量。质量高就能满足社会发展的需要，就能促进经济的发展。培养的高技能人才不对路或质量低，不仅高职学生本身不能实现自身的价值，而且还会造成人才资源的浪费及有限教育资源的低效率，这是政府所不期望的。通过对各高职院校的评价指标进行比较，为政府进行宏观决策提供重要依据，使其把握投资机会，使投资有重点、有侧重，提高有限财政经费的效益，最终在推进经济发展与社会进步中发挥积极作用。

（二）是社会资本投资教育市场的需要

当前，从总的形势来看，高校的办学能力有限，远远不能适应上大学人数的需要，这种供求矛盾非常突出，给社会资本投入高等职业教育提供了广阔的空间。但各类高校的发展是不平衡的，尤其是高等职业教育发展形势不容乐观。若仅仅依靠政府一方面的积极性，学校发展就会缺乏活力。因此，高等职业教育从自身利益出发，必须吸引社会资金进入该领域，多渠道筹措经费。社会投资者从自身利益出发，总是将资金投向收益高、收益稳定的行业和领域。评价指标对社会资本选择投资高等职业教育市场将发挥积极作用。

（三）是高职院校自我激励的需要

高等职业院校之间不像中学那样相互有较强的可比性。如：初中升入重点高中的比率；高中升入重点大学、一般大学的比率等。而同层次职业院校之间，在办学质量及效益方面往往缺乏比较，即便是有一些比较也是定性比较多、定量比较少；单项指标评价比较多，综合指标评价比较少。目前，在高职院校的蓬勃发展中，表现突出的问题是重视高职院校的发展规模，而忽视高职院校办学质量与效益的提高。建立高等职业教育办学经济效益评价指标体系对于高职院校找准自己的位置，查找自身存在的不足，面向市场求生存、求发展具有重要的指导意义。

二、高等职业院校办学经济效益评价指标体系的内容

近年来，在高职院校中一方面开展了人才培养工作水平评估，这是综合性评估；另一方面也有计划地开展了对教学、实验室、图书馆等单项的评估工作。这些单项评估都是对高职院校办学能力、办学水平在某一方面的评价。这里所讲的办学经济效益评价，是从投资、办学质量及相互联系的角度来评价高职院校综合办学效益的指标，也是对各种评价效益的综合评价。高职院校办学效益评价指标体系应突出以下三个方面的内容：

（一）成本指标

在社会主义市场经济条件下，任何资源的取得都需要成本。研究教育成本就是要分析成本的构成及影响成本的因素，以便采取必要措施降低成本。成本是一个负值指标，越低越好，但必须是在规定的服务标准范围内。脱离共同标准（如后勤服务、学生住宿条件等）的指标将缺乏可比性。

教学成本：当年教师工资总额/当年学生平均人数。教师包括三方面的人员：专职教师、党政人员中的兼职教师、外聘教师（含外籍教师、聘请校外客座教授等）。党政人员中的兼职教师的工资额是按承担的教学任务的比例方法计算的。如有的高职院校规定中层领导按1/3安排教学工作量，那么工资总额也按1/3计算。教学成本不仅在学校之间可以比较，在学校内部各教学单位间也可以相互比较。

管理成本：当年管理人员工资总额/当年学生平均人数。管理人员包括：党政管理人员、教辅人员。党政人员中的兼任教师职务者，其工资额按承担党政工作的任务比例计算。

服务成本：当年后勤服务支出总额/当年学生平均人数。服务成本包括：水电费、维修费、后勤服务保障人员等方面的支出。

设备及设施成本：当年底设备及设施总价值/当年底学生总人数。包括教学设施投资（如教学仪器设备等）、服务保障设施投资（如教室、寝室环境绿化美化）。

（二）质量指标

社会对(某高职院校)学生的需求率：某地区吸纳该校毕业生的数量/当年(某地区)吸纳毕业生的总人数。

社会需求率是反映一所高职院校办学质量的重要指标。正是由于社会对大学生的需求才推动了教育事业的发展。社会需求量越大，说明该校毕业的大学生越受欢迎，学校的发展潜力也就越大。社会需求率高说明社会对本校的大学毕业生满意程度高。

学生当年就业率：当年就业人数/当年毕业人数。就业是大学生选择职业与社会选择大学生的最终结果。就业率高说明社会、大学生双方都比较满意。这不仅有利于

促进社会经济的发展，而且有利于社会的稳定。

大学生当年的平均收入：收入/人数。个人收入的高低，不仅表明个人能力的高低，而且表明个人对社会做出贡献的大小。收入高低也是大学生满意度的一个重要标准，收入由低到高可使大学生在更高层次达到满足。对大学生收入的统计一般使用抽样调查，即在当年毕业的大学生中采取随机抽样的办法。其中人数为随机抽查的人数、收入为抽查人数的总收入。

在校大学生的发明创造率：本校有创造发明的人数/本校在校大学生的总人数；本校大学生获得创造发明奖各等次的人数/全省乃至全国获奖及各等次总人数。

第一个是比例指标，第二个是比较指标，都是正向指标。指标越高说明学校培养的大学生素质越高，也越能受到社会的欢迎。

创业率（3～5年时间内）：本考核期间学校的创业总人数/3～5年内学校累计毕业人数。

创业人数包括独立创业、联合创业。只有创业者多了，社会上才会有更多的就业机会。社会就业压力之所以大，就在于就业人数多，而创业人数少。高职院校必须担当培养创造型、成果转化推广型人才的重任。按3～5年时间确定创业率为宜。主要考虑到这期间个人精力充沛，初生牛犊不怕虎，大学毕业后通过几年实践，其创业成功的概率就比较高。创业需要有一定的时间，对高职院校办学效益的评价可以选择3～5年评价一次。

国家级、省级、市级拔尖人才，高技能人才及行业业务技术骨干比率：本校毕业生国家级拔尖人才（业务骨干）人数/国家级拔尖人才（业务骨干）总人数；本校毕业生省级拔尖人才（业务骨干）人数/省级拔尖人才（业务骨干）总人数；本校毕业生市级拔尖人才（业务骨干）人数/市级拔尖人才（业务骨干）总人数。本校培养的各级各类高技能人才的比率；行业业务技术骨干是指获得同级别的优秀技师、先进工作者、优秀共产党员及中青年技术技能骨干等人员。

技术应用、推广研究成果获奖等次率：各级别获奖等次的人数/各级别获奖等次的总人数。

（三）效益指标

成本指标是个负向指标，指标越低越好；质量指标是个正向指标，指标越高越好。设 V 为效益指标，F 为质量指标，C 为成本指标，那么 V=F/C。V 越大，说明办学效益越高，反之，说明办学效益越低。

效益指标可以纵比，也可以横比。通过比较发挥指标的导向性，引导高校不断提高办学的综合效益。

三、高等职业教育效益评价的组织与实施

首先，要根据确定的指标体系内容制定统一的评分标准。其次，各高职院校采取对照标准自评并申报评估。最后，由教育行政部门与学术机构评估验收并予以公布。通过这些评价指标，发挥其导向作用、引导作用。通过办学经济效益评价，要突出高职院校自身的建设与发展完全要靠自身。因为通过努力低层次可以向高层次迈进，不努力高层次也可能退到低层次。高职院校办学经济效益的各项指标彼此之间不是孤立的，而是相互联系的。为提高办学效益应处理好以下几个平衡关系：

（一）高等职业教育供给能力与社会需求水平的平衡

高职院校供给能力与社会需求平衡的积极意义在于促进经济的协调发展。在市场上，当大学生供大于求时，既会造成人才的极大浪费，也会给社会带来不稳定因素。在市场上，当大学生供不应求时会制约经济的发展。社会对大学生的需求的平衡包括两个方面：一是总量平衡，二是结构平衡。目前，市场对高职大学生的需求供给不足与供给过量同时存在，这里既有信息不畅通的客观原因，也有个人择业观的主观原因。解决高等职业教育供给能力与社会需求平衡矛盾的办法是：积极深化教育体制改革，不断优化教育资源结构，促使高等职业教育向社会经济主战场发展，培养出社会需要的各类高技能人才，满足社会的需求，推进社会的全面发展。

（二）高等职业教育重视培养创业型人才与就业型人才的平衡

高等职业教育培养的大学生主要是面向生产、建设、管理和服务第一线的高技能人才。培养高技能人才同样也要面对这样一个现实：中国劳动力充足，但人力资源匮乏，特别是高技能人才匮乏。在人力资源中，高层次人才与一般人才的培养也需要一定的比例。若社会上高层次创业人才多，劳动力市场就会紧张、紧缺，致使高层次人力资源不能发挥出最大的潜能；若创业型人才少，社会就业机会就少，劳动力就显得过剩，也会造成人力资源的浪费。劳动力的流动，很大程度上是由供需矛盾引起的。中国的经济要发展，必须以培养创业型人才和高技能就业型人才为突破口，保持社会各方面人才的协调发展。

（三）高等职业教育投入与经济形势发展需求的平衡

对高等职业教育投入既要与国家的经济实力相适应，又要与当前的经济发展需要相适应。脱离国家的财力实际一味地向政府索取投入，是不现实的。在考虑投入时，必须与当时的经济形势相联系，在经济处于低迷时期，或在经济处于上升阶段时期。如何吸引资金向高等职业教育投资，其政策与策略都是不同的。

高等职业教育经济效益指标体系建设是一项探索性、创新性的工作，既需要科学

理论的指导，又需要在实践中不断完善、提高。以保证各项评价指标具有规范性、操作性与有效性，使评价更具有先进性、权威性。

第七章 新时代高等职业教育人才培养目标和基本特征

第一节 发达国家高等职业教育人才培养目标

一、澳大利亚的 TAFE 模式

澳大利亚 TAFE 体系是完全建立在终身教育理论之上的教育和办学体系。TAFE（Technical and Further Education）的全称是技术和继续教育学院。它是澳大利亚一种独特的职业教育培训体系，是澳义务教育后最大的教育与培训组织，国家职业教育和培训（VET）的主要提供者。TAFE 相当于中国的职业学校、技校、中专和高等专科学校的综合体。TAFE 学院的前身是技术学院，澳大利亚最早的技术学院距今已有 100 年的历史。直至 1973 年，澳大利亚联邦政府成立了技术与继续教育委员会（Committee of Technical and Further Education），明确提出把技术教育与继续教育结合在一起，把学历教育与岗位培训联系起来，实行柔性的教育培训方式，专门从事技术人员的学历教育。

经历 30 年的发展，澳大利亚的 TAFE 体系已成为全球成功的特色鲜明的教育体系之一，并且在澳大利亚的国民经济发展中愈起着重要的支柱作用。国家级的 TAFE 学院都是政府公立学院，包括霍尔姆斯格林理工学院等 60 多所，入读人数超过 170 多万人。全国所有的职业教育培训机构全部包括在内，则更是高达 200 多所，成为一个覆盖 2000 多万人，涵盖 40 多个领域 1000 多种不同课程的职业教育和培训体系。

在人才培养目标方面，TAFE 学院着重对学员进行职业能力的培养，使他们能较快适应社会职业岗位的需要；在课程安排方面，TAFE 学院提供有阶段性的，但又是连续的教育课程，使学员可以在不同时期、针对不同需求选择相应课程，灵活地在证书（Certificate），文凭（Diploma）或者只是提高个人品位等方面自由选择；在教学组织方面，TAFE 学院针对不同的学习对象和课程类型，采取各种灵活多样的方式、方法和手段开展教学工作，为一切愿意接受教育或培训的人提供有效的服务。

二、英国的 BTEC 模式

英国 BTEC(商业与技术教育委员会，现已并入 EDEXCEL 基金会)教学模式是一种国际上较有影响力的职业教育证书课程。由英国爱德思国家学历及职业资格考试委员会颁发证书，分初、中、高 3 个层次 9 大类，上千种专业证书。其中 BTEC 国家高级文凭（HND）课程，即相当于英国大学前两年的课程。同时，还相当于达到了相应专业的英国国家职业资格 NVQ 四级水平。学生毕业后，既可继续升入英国大学的学士学位学习，又可直接就业，无须再经过岗前职业资格培训考试。

BTEC 课程教学的教育理念是"以学生为中心"。在英国的职业技术教育领域，这一核心理念已经成为管理者和教师的共识。考核发证主管部门在这一指导思想下开发课程，设计教学目标，教学第一线的教师在这一指导思想下从事教学活动，实行"以学生为中心"的职业技术教育是由英国职业技术教育的宗旨决定的。人才培养目标主要有两个：第一个是提高劳动者素质，促进国家经济技术的发展，提高国家竞争力。第二个是通过职业技术教育，使得人人获得职业资格证书，保证充分就业，从而维护社会稳定。

三、加拿大的 CBE 模式

从职业教育的实践来看，加拿大的 CBE 模式（Competency Based Education）是国内外职业教育课程模式的典型代表，获得普遍认可和广泛传播。CBE 模式以能力为基础，从职业岗位的需要出发，确定能力目标，通过企业专家组成的课程开发委员会，制定能力分解表即 DACUM 表。学校再以这些能力为目标，进行工作分析、任务分析、教学分析，然后进行教学设计和开发，组织教学的实施，最后考核是否达到这些能力要求，无疑这种模式值得借鉴。因为它改变了单一的学科型课程模式，提倡以职业能力为本位来开发课程，并将学生综合职业能力和全面素质的培养系统地贯穿教学过程的始终，这显然代表了高职教学内容和课程体系改革的方向。

CBE 模式是一种适用于高中等职业教育和在职培训的教学形式。CBE 模式的特点是：①以岗位（岗位群）的职业能力作为培养目标和评价标准；②以能力作为教学的基础；③强调学生自我学习和自我评价；④教学的灵活性和管理的科学性。CBE 的整个教学目标的基点是如何使受教育者具备从事某一特定的职业所必需的全部能力。这里所说的能力，不仅仅是指操作能力、动手能力，而是一种综合的职业能力。

四、德国的"双元制"模式

"双元制"教学模式是德国享誉世界的一种职教模式，这种"双元制"职教模式对德国劳动者的高素质、产品高质量，以及德国经济在国际上的持久竞争力都起着重要的作用。它主要以学校为主体，以企业为依托，以实践为核心，把学校设在工厂里，把教室搬进车间里，学生在老师和师傅的共同指导下，学习理论和专业技能，做到学校与企业合一；教师与师傅合一；学生与徒弟合一；作业与产品合一；育人与创收合一，实现了培训功效"五合一"。确保学校在激烈的市场竞争中站得稳、叫得响。

德国的"双元制"职业教育在整体的培养目标上是合二为一的，但在具体的教学过程中则又是一分为二，表现出明显的双元属性特征。学生在实训的氛围中获取有价值的实践经验，适应不同岗位的职业需求；通过在学校系统的专业知识学习，打下厚实的理论基础，培养敏捷思维能力与掌握科学的方法，从而很快适应毕业后的工作。

第二节　我国高等职业教育人才培养目标

一、高等性是高职培养目标定位的基准

高等职业教育是我国高等教育体系的重要组成部分，也是我国职业教育的重要组成部分。作为一种高等教育类型，高等职业教育与普通高等教育，并不是完全分隔、不可逾越的，两者只是教育类型、培养规格的差别而无层次的差别。依据联合国教科文组织修订的《国际教育标准分类》，高等职业教育属于高等教育的第5层次B类教育。根据这一分类不难发现，普通高等教育强调的是较强的系统理论基础，而高等职业教育强调的是较强的实践技术和专门技能。众多专家学者认为，现代社会的人才一般分为两类四型：一是科研类，含学术型和工程型；二是职业类，含技术型和技能型。高等职业技术教育培养职业类人才，教育类型是职业教育。普通高等教育主要培养科研类人才，教育类型是普通教育。因此，不能将高等职业技术教育的"高等性"等同于普通高等教育的"高等性"。

二、职业性是高职培养目标定位的内涵

高等职业技术教育属于职业教育。它是按职业分类，根据一定的职业岗位（群）实际业务活动范围的要求，培养生产建设管理与社会服务第一线实用型（技术应用性或职业性）人才。这种教育更强调对职业的针对性和职业技能能力的培训，是以社会人才市场需求为导向的就业教育。

《中华人民共和国职业分类大典》对职业、职业分类两个基本概念明确阐述："职业是指从业人员为获取主要生活来源所从事的社会工作类别。"因此职业需具备以下特

征：一是目的性，即职业活动以获得现金或实物等报酬为目的；二是社会性，职业是从业人员在特定社会生活环境中所从事的一种与其他社会成员相互关联相互服务的社会活动；三是稳定性，即职业在一定历史时期内形成，并具有较长的生命周期；四是规范性，即职业活动必须符合国家法律和社会道德规范；五是群体性，职业必须具有一定的从业人数。

职业的分类是以工作性质的同一性为基本原则，对社会职业进行的系统划分与归类。工作性质，是一种职业区别于另一种职业的根本属性，一般通过职业活动的对象、从业方式等不同予以体现。

《中华人民共和国职业分类大典》把我国职业划分为 8 大类，66 个中大类，413 个小类，1838 个细类（职业）。我国职业标准至 2003 年底止，已颁布近 200 种。一般实行五（四）级制，分等级对职业的活动领域、职业功能、工作内容、技能要求和相关知识水平做了明确规定。同时在结构、模式和内容方面对职业标准进行了改革，更加适应职业培训、职业技能鉴定和劳动就业工作需要。

高职院校在培养目标、专业设置、培养计划和课程标准或教学大纲上，应该以国家职业分类为主导，以职业标准作为学校技能训练标准，为劳动力市场提供适销对路的人才。

因此，职业性是高职培养目标的内涵。这主要体现在：一是职业不等于专业，是专业的综合、融合和复合。高职教育培养的应是能解决职业岗位综合的、复杂实际问题的人才。二是职业的具体化，即岗位。高职教育必须立足上岗、服务就业。三是要体现知识、技术的应用性，技术管理的综合性。所以，高职教育培养的人才除具备一定的岗位操作技能外，还应掌握一定的理论知识、管理能力、发展潜能和创新能力。

三、区域性是高职培养目标定位的地方特色

区域性是伴随着近代工业社会的发展而产生的，它所指代的是不同国家或一个国家不同地域（区）之间的差异性。这种差异性除了反映在地理、气候、资源等自然条件和历史文化传统及人口素质上，更重要的则反映在经济发展水平上。任何一个国家或地区在制定社会经济发展规划时，不仅要明确总目标和总规划，而且要特别注重分析和研究"区域经济"，形成地方特色。教育就其现代功能而言，属于第三产业，即服务性产业。尤其是高职教育，是直接面向经济主战场的专门教育，不仅通过文化传承间接服务于社会发展，而且通过人才培养更直接地作用于、服务于经济发展。为区域经济服务是对高职教育发展的基本定位和策略。区域性、地方性是高职的又一特色。由于各地区的经济基础、生产力水平的差异，区域经济发展的不平衡，决定了不同地区所需要的"高职人才"的能力结构要有所区别和侧重，不能搞全国"一刀切"。每一

所高职院校在确定其培养目标时，都应充分考虑区域经济条件。同一地区的高职院校也要办出特色，做到优势互补，避免简单重复的建设。

四、社会性是高职培养目标定位的价值取向

普通高等教育虽然也讲要实现与社会之间的双向参与，但是却没有高等职业技术教育那样强的"亲和力"。高等职业技术教育更需要开放办学，面向社会，依靠社会，被社会所接纳，为社会服务。走出校门走向社会，走进企业走向市场，以社会需要为导向，以行业、企业为依托，走产学研结合之路。

（1）在职业岗位的确定上，要深入行业、企业开展人才需求调研、论证。要彻底将过去那种"学校有什么条件就办什么职业教育"的"超社会教育"改变为"社会有什么职业岗位就创造条件办什么职业教育"的"社会教育"。

（2）在岗位能力的定位上，以企业等用人单位所要求的岗位能力为本位。企业等用人单位开"菜单"，学校"配菜"，教师当厨师"炒菜"，对不对"胃口"，最终也由企业等用人单位来"品尝、评价"。

（3）在岗位能力的培养上，按照职业能力模块设置岗位适应能力的理论知识要求和技能训练二元并重的课程教学体系；重视教师队伍建设，特别是"双师型"教师的培养；改革教学内容，抓好教材建设；加大设备投入，改善教学条件；充分利用现代化教学手段，改革教学方法；积极探索产学研相结合的教学模式。

（4）在岗位能力的认定上，要打破"一朝认定，终身拥有"的不合理体制，适应岗位能力要求的不断提高。一方面抓好职业教育的后续教育，实现继续教育的终身化；另一方面每隔3～5年搞一次职业资格的认定，使高职的岗位能力始终代表当时当地的高水平岗位能力。

第三节　发达国家高等职业教育人才培养基本特征

一、以社会需求为宗旨

第二次世界大战后发达国家完成了经济恢复。在新技术革命的推动下，在企业现代管理制度激励下，尤其是制造业向技术密集型产业的转变，使得生产一线急需大批较高水平的技能型、技术型实用人才及管理人才。企业对应用型人才需求迫切，并希望在较短期限内速成就业，而衍生出高等职业教育的发展趋势，一批重视实践教学、突出岗位能力培养的职业院校纷纷成立。随着社会发展的加速，世界各国都在号召青

年不仅为某一具体职业做好准备，而且要为一生中进行无数次的工作变换做好准备。这就要求高职学生必须具备富有弹性的、可广泛迁移的职业能力。在掌握业务能力的基础上，还要学会大量基础知识以及有实用价值的社会能力。这样，其驾驭自己命运的能力以及适应社会的能力就得到大大增强，为自己的人生道路作了坚实铺垫，可以更成熟、更出色地扮演其在社会中的角色。

二、以产学合作为机制

德国的"双元制"模式坚持以企业培训为主、学校教学为辅的原则。按照企业对人才的要求组织教学和岗位培训，双方共同担负人才培养任务，国家出台法律保证其实施。其培养目标为具有高等教育学历的高级职业人员，教学或课程安排分为两个阶段，在两个学习阶段均实行严格的国家考试。美国的"渗透型"模式。劳动和教学相结合、工读交替为原则的美国职业教育，是以培训合格劳动者为目标，学校与工商企业、服务部门等校外机构之间开展的合作教育。广义的职业能力和志趣是其首要的培养目标，突出以学校计划组织为主，从培养学生劳动能力的现实出发，一般采取工读轮换制、半工半读制、劳动实习制、全国劳动和工余上课制等方式。英国的"工读交替型"模式。也被称为"三明治"模式，具体实施方式是职业学校与工厂实习时间各半。分为3个阶段：学生中学毕业后，先在企业工作实践1年，接着在学校里学习完2年或3年的课程，然后再到企业工作实践1年，即所谓的"1+2+1"和"1+3+1"教育计划。日本的产学研合作模式。产业办学是日本职业技术教育的一大特色。大企业兴办的"工学院"既为自己培养急需的专门技术人才，也为客户提供技术培训。在企业技能培训与学院教学时间的分配上明显以企业为主、学校为辅，而且学校的教学多半是利用工余时间，其特点是重视科学研究方面的合作。2002年日本又建立了旨在推行知识成果创新、产权保护、产权应用和人才开发战略的产学官协作体制。上述几种著名的模式都是以学校和企业（行业）共同培养为基础，建立起"双向参与、双向互动"的运作机制。

三、以实践教学和职业能力培养为重点

发达国家高职教育中，实践教学都占较大比重，注重课程的职业功能性。如英国的多科技术学院普遍开设工读交替的"三明治"课程。德国一般用2/3时间在企业培训，其课程设置侧重学生实习和实验训练，理论和实践教学交替进行。澳大利亚在"能力为本、实践为主、需求为重"的职业教育办学理念的引导下，建立了具有较强适应性、实用性和规范性的职业教育课程体系。各专业课程的设置以行业组织制定的职业能力标准和国家资格框架为依据，具体内容和学时分配由企业、行业咨询组织、学院和教育管理部门联合制订，以满足行业需求，保证就业市场和相关岗位的技能要求和标准。

制订后的课程需报州或领地一级教育培训部门审核批准，并根据社会发展和劳动力市场需求变化情况不断修订。

四、以政府立法为保障

美国政府在 1982 年制定了《职业训练合作法》后，1988 年又颁布了《美国经济竞争力强化教育、训练法》。1990 年的《珀金斯职业教育法》还明确规定了州职业教育训练实施的具体标准和评价方法等。使社区学院与当地企业都建立了协作关系，实行名副其实的"合作教育"。德国在 20 世纪 60 年代推出了《职业教育法》《职业促进法》《实践训练师资格条例》《青年劳动法》等一系列法规，明确了企业承担实践教学和配备合格的实践训练师等责任。而日本设有专门组织机构，如产学研讨会，负责将企业界对人才的需求反映给学校，加强产学合作。澳大利亚政府通过国家培训总署、国家职业教育研究中心和行业培训咨询委员会等机构对职业教育进行管理。首先，在国家层面上，联邦政府下设国家培训总署，代表联邦政府管理职业教育。通常，联邦政府负责制定有关教育的大政方针，确定全国职业教育的学历结构体系和质量控制体系，并制定证书和文凭的国家标准。而国家培训总署负责落实政府制定的相关政策。并通过对各州、地区职业教育机构的管理、协调、指导和监督来对全国职业教育实施控制；同时它还负责每年的职业教育经费划拨。

五、以社会监控为手段，保证人才培养质量

发达国家一般采取社会参与评价的方式监控人才培养质量。如德国由企业、学校、工会和行业代表共同实施，美国由工程技术评估委员会制定评估标准，加拿大由合作教育协会制定标准，澳大利亚和英国由行业协会制定培训计划和标准。发达国家中的专业协会或专业团体已担当起职业教育质量评价的主要责任。形成了学校对教学质量负责，企业和社会专业团体等提供专业指导和知识更新，这样相互促进和约束的人才培养质量评价机制。

第四节　我国高等职业教育人才培养基本特征

一、国际意识特征

中国加入世贸组织后，外国企业大量进入中国，即使从降低劳动力成本的角度，也必然会造成"雇员本地化"。外国公司在我国雇用的人才群体，主要是三大类：一是

工程设计人才，其数量很少；二是从事实际操作的技能型人才，他们在国际市场上的流动性有限；三是技术应用型人才，他们从事市场调查与公关、客户反馈、技术与管理、产品营销、合同执行、供应管理、财务管理、技术服务等技术和管理岗位的工作。在国际劳动力市场上面广量大，流动性也很强，是全球化背景下争夺的主要对象。据英国《焦点》杂志 2000 年 8 月提供的资料，全世界有 7500 万人就职于外资公司；美国境外至少有 2500 万人在为美国公司工作；发展中国家有 1200 万人在为美国公司工作。这些人员的主体部分应是技术应用型人才。

因此，高等职业技术教育要培养具有国际交流能力的高级技术人才。现在，接收高职生比例相当高的是三资企业，而随着时间的推移，这一趋势会日益加速。如果高职生缺乏国际交流能力，必然会影响到他们未来的发展。进口生产线上的控制软件用的都是英语，高职毕业生起码要具备大学英语四级、计算机二级水平才能胜任。因此，高职学生的外语能力是用人单位很为看重的。当然，具有国际意识，光有流利的外语能力是远远不够的，具有良好的国际交流能力是高职学生必备的起码条件。

二、创新能力和信息能力特征

高等职业技术教育的人才培养目标是生产、建设、服务和管理第一线需要的技术应用型创新人才。它的创新是建立生产建设中的创新、产业服务中的创新和生产一线管理工作中的创新，不是要求高新技术产业化及其知识和技术的创新。新世纪将为信息的流通、储存和传播带来前所未有的手段。因而，新世纪一方面要求教育应传授越来越多与之相适应的新的知识和技能；另一方面又希望教育要给出在此基础上把握好判断事物的标准，以防止人们被大量的信息、知识搞得晕头转向，"既应提供一个复杂的、不断变动的世界地图，又应提供有助于在这个世界上航行的指南针"。教育要为迎接知识经济和科技革命做好准备，其中重要的一点是着重培养受教育者的创新精神和创新能力，为创建国家的创新体系，提供人才和智力的支持，促进知识的传播和应用，加快科技成果的转化。另外，知识对发展的作用不仅表现在创新上，还表现在传播和应用上。创新能力和信息能力（包括信息获取、信息分析与信息加工能力）是信息社会所需新型人才必须具备的两种重要的能力素质。

科技发展突飞猛进，知识经济社会初见端倪，是 20 世纪 90 年代以来世界范围内发生的深刻变化，是当今时代的特征。科技发展带来的是一场新的科技革命。人类历史上第四次科技革命，正在深刻改变我们的生产方式和生活方式。信息技术对人类的影响是全方位的，引发了生产、生活各个领域的革命性变化。信息高科技技术对人类的影响是全方位的。因此，高等职业技术教育培养的学生。

（1）必须具有掌握和使用计算机网络的基本知识和能力。21 世纪不懂得计算机和网络的人，就是功能性文盲，就不能适应 21 世纪的社会生活。

（2）具有分析、处理、吸收、创造信息的能力，有以最少的时间吸收最有价值信息的能力。在信息网络时代面对的是知识爆炸骤增的海量知识，知识更新的速度大大加快。而人的时间又是有限的，因此要学会以最少的时间去获得最有效的知识。

（3）要有良好的心理和精神素质。网络时代人与人的直接交往减少了，间接交往增加。因此对人的心理和精神素质要求就更高了。

三、复合性和综合化技术特征

现代科学技术有一个重要特点，就是知识更新速度加快，周期缩短，科技和经济结合得更加紧密。传统的能力观注重具体任务的完成，认为能力是由具体的工作任务来指导和规定的，能力的培养就是任务技能的学习，能力的评价就是个体对任务的完成情况。而现代能力观则认为，能力是劳动者知识、技能和态度有机结合形成的一种素质结构，称为整合能力。英国学者高夫·斯坦顿（Golf Stanton）指出：这种能力结构是由一般和对工作情景的理解及两者的结合构成的。高等职业技术人才所要求的"能力"不仅是岗位能力，更应是职业岗位群能力、综合能力、创造性技能。

随着社会的进步，出现了明显的科技与人文整合的趋势。就技术而言，技术不同于技能，技术高于技能；技术也不同于科学，技术依赖于科学。实际上技术不仅包括经验技术，也包括理论技术。越来越多的现代职业岗位对技术的复合性要求越来越高。包括技术与技能的复合、技术与技术的复合、技术与科学的复合、技术与人文的复合等。高等职业技术人才的"技术"应是建立在一定的科学理论基础之上的，应该超越于一般技能、具有一定复合性和综合化特征的技术。

四、创新性学习能力特征

学习可分为两类：一类是维持性学习。其目的在于获得已有的知识、经验，以提高解决问题的能力；另一类是创新性学习。在信息化时代，人们接触知识较以往更为容易，费用也更为低廉，从而使得选择和有效利用知识和信息的技能变得重要起来。解读信息、选择相关信息、忽略不相关信息、学习新的技能和忘掉旧的技能等，所有这些都比传统意义上的对知识本身的学习更为重要。有研究表明，人类近 30 年所获得的知识约等于过去 2000 年之和，预计到 2050 年左右，人类现今所掌握的知识届时将仅为知识总量的 1%。因此，在农业经济时代，只要 7 ~ 14 岁接受教育，就能满足日后一生工作的需求；工业经济时代，求学时间需延长为 5 ~ 22 岁；而在今天"唯其不变的是变化"的知识经济时代，人要生存下去，则需将有限几年的正规学校教育延长为"80 年制"的终身学习。因此培养学生的"创新性学习"的能力是高等职业技术教育的一个重要任务。其目的在于通过学习提高发现和吸收新知识、新信息及提出并解决新问题的能力，以迎接和处理未来社会发生的日新月异的变化。

五、综合能力特征

高等职业技术教育必须改变学科本位、知识本位的教育质量观念，重点突出学生的能力本位。从培养目标来看，职业教育的对象——人，既要为适应周围的环境对自身进行改造，又要改造周围的环境。这就是说，一个生物人只有经过职业教育才能成长为一个社会所需要的职业人。但又不仅仅是一个纯粹的职业人，而是一个要生存、要发展的活生生的社会人。职业教育既要为生存又要为发展打下坚实的基础，能力在这里发挥着关键作用。所以，职业技术教育里的素质教育——追求生存和发展的能力教育，是现代职业技术教育体系的一个重要的思想基础，即使学生获得在合适的职业岗位上工作所需要的各种能力，是职业教育最主要的任务。以能力为本位的职业教育观在国际上已达成广泛共识。联合国教科文组织在其修订的《关于技术与职业教育的建议：2001》中提出：职业教育应当"为工作能力强、愉快的职业生涯奠定基础"。

当职业发生变更，或者当劳动组织发生变化时，劳动者所具备的这一能力依然存在。由于这一能力已成为劳动者的基本素质，劳动者不会因为原有的专门的知识和技能对新的职业不再适用而茫然不知所措，而是能够在变化了的环境中重新获得新的职业技能知识。这种对从事任何一种职业的劳动者都应具备的能力，常被称为跨职业的能力。由于这种能力对劳动者未来的发展起着关键性的作用。所以，在职业技术教育中又被称为关键能力。综合职业能力包括方法能力和社会能力。其中，方法能力又包含了独立思考能力、分析判断与决策能力、获取与利用信息的能力、学习掌握新技术的能力、革新创造能力和独立制定计划的能力等。社会能力则包含了组织协调能力、交往合作能力、适应转换能力、批评与自我批评能力、口头与书面表达能力、心理承受能力和社会责任感等。尽管从具体的内容上看几乎包罗万象，但从总体上来说都是一些涉及科学方法和社会交往方面的能力。综合职业能力对于学生积极应对变化多端的世界，不断或重新获得新的职业知识和技能，获得可持续发展，具有特别重要的意义。

第八章　新时代高等职业教育专业课程教学体系的改革与创新

第一节　教学过程的改革与创新

一、高等职业教育的教学过程的特性与规律

高等职业技术教育的教学过程实质是一种特殊的认识过程。对于一般的教学过程而言有三个方面：①教师的指导性；②认识的间接性；③教学的教育性。而对于高等职业教育来说，有如下四个特性：①高等职业技术教育的培养目标对学生学习有较高要求，这是针对教师的指导性而言；②要将科学和专业工程技术探索引进教学，培养学生的创造性和开拓精神，这是相对于认识的间接性而言；③教学过程中有着非常明确的专业技术定向性，相对于一般教育性而言；④教育着重突出培养学生职业岗位能力，是相对于其他教育体系特点而言的。高等职业技术教育的教学过程的规律是教学过程实质的反映，亦符合高等职业技术教育区别于其他教育体系的特殊性要求。因此它在教学要素、教学性质、教学内容和教学效果方面有四条基本规律：①教与学得相互依存规律；②教学过程具有教育性；③间接经验和直接经验相结合的规律；④掌握知识和岗位认同的相互统一的规律。

二、高等职业教育的教学过程现状

在教学过程的运作中有两个主体的要素。其一，是教育的主体"教师"；其二，学习的主体"学生"。两者互为作用完成整个认识过程。纵观国内现有的职业教育，无论是本科压缩型，还是"三加二"等形式的教学过程，都普遍存在这样那样的不足。

（一）"双师型"队伍不健全或素质达不到要求，直接影响整个教学过程的每个环节

教师，是指导性的主体，是整个教学过程运作的动力和源泉。部分本科院校办高

职教育，太过于依赖学校原有的师资力量，很少有甚至有的没有自己的教师队伍。有的是简单要本科的专业派教师，甚至有的专业竟变成了刚进校准备任教的实习生的培训基地。中专学校办高等职业教育往往师资理论水平和操作技能达不到高等职业技术教育的教学目标要求，特别是要将科学和专业工程技术的探索引进教学，培养学生的开拓精神的要求。

（二）以"能力为中心"的理念在教学全过程中的差距较大

"服务于生产第一线，具有突出的胜任工作岗位的职业能力"是高等职业技术教育的根本特点。任何一种教学过程具有方向性、自觉性、渗透性的特征。思想上认识不足，理论水平和操作技能不均衡或缺乏，将直接导致学生对未来岗位认知不足，学习得不深入而影响教学效果。这是教学过程中认知的间接性中重要一环。

（三）理论教学与实践教学相脱节情况较为普遍，重点

突出的实践教学建设与培养目标要求相去甚远相对于其他教学体系而言，突出的岗位应用能力正是高等职业技术教育最本质的特征。有的学校在教学计划和教学执行过程中对于专业没有构建科学的课程体系，没有对单一课程进行深刻剖析，没有对实践教学的目的、内容、组织形式达到的效果严格把关。于是就出现了本科压缩型中等技术的简单扩充型，技术与理论糅合再造型等说法。归根结底是没有深刻理解、准确把握高等职业技术教育教学过程的实质和规律。

（四）教与学的过程中与行业岗位群的能力要求结合不紧密，失去了职业技术教育的鲜明目的性和方向性

高等职业技术教育具有鲜明的目的性和方向性。就是培养用于生产、管理、服务等高等技术型人才。这是高等职业技术教育教学规律要求的，体现了掌握知识与岗位认同的相互统一。模糊了方向性，就必然会出现毕业生不受欢迎，眼高手低，绝大部分同学争先专接本等现象和误区。致使高等职业技术教育走向偏颇，降低了发展这一层次教育的作用和意义。另外学生的多类型性层次要求教师在教学中能不拘一格选人才，不能违背教学过程的基本规律。

（五）教学过程中另一个主体——学生主要存在如下两个问题

（1）大部分学生把高等职业技术教育学习当作将来继续普通本科学习的跳板。把主要的精力投放到继续本科的学习中致使对专业课的学习热情不高。

（2）学习目的性不强，自主学习的积极性和主动性不高。

三、高等职业教育教学过程的改革与创新

（1）学校思想重视，加大投入，从组织上完善师资队伍，建立一套良好的"学校

+ 企业"的培训模式确保双师型队伍的先进性。

（2）教师在思想上高度重视，针对教学过程各环节设立的能力点，在教学过程中形成处处以培养学生"职业能力"为中心的综合素质全面发展的格局。

（3）认真剖析，领会高等职业技术教育的教学过程特征，在理论实践和协调统一的基础上，突出实践教学重点开展。"理论教学与实践训练统一协调"，是教学过程中"间接经验和直接经验相互结合"这条基本规律派生出来的教学原则。正确认识理论课程和实践教学环节的关系；妥善安排理论教学和实践训练的程序；而认真落实到教和学的活动，则是否高质量地完成工科教学任务的关键。然而，要培养工程科技人才，必须使学生接触工程科学技术的实际，取得自己必要的直接经验，具备毕业后能解决生产实际问题的潜力。

（4）走产学合作之路，加强校企联合是高等职业教育健康发展的源泉。职业教育是与经济建设的结合更为密切的一种特殊类型的教育方式，仅依靠学校的条件难以实现培养实用型人才的目标。我们借鉴德国"双元制"的经验，依靠与企业的合作共同为培养人才服务，相关的企业或行业不仅参与专业设置、课程开发工作，还有不少企业的专家承担学校的教学任务，我们还依靠企业为学生提供良好的实训场地。

（5）加强引导，勤练内功；开拓方法，因材施教使高等职业教育在国民经济建设中发挥重要作用。我国高等教育刚刚起步，教育体制改革和劳动体制改革还存在着滞后和不健全。现在就业市场上重学历不重能力还是一大误区，在这种情况下，我们必须深化教育体制改革和劳动体制改革，对学生加强引导，加强教育，使他们树立正确的人生观、职业观。调动学生学习的自觉性和积极性，应着重从以下两个方面入手：

处理好集体教学和个别教学、统一要求和发展个性的对立统一关系。要做到这点，在教学过程中必须贯彻因材施教的原则。

要认真贯彻启发式教学的原则，启发学生在成长过程中能够"积极主动地学习知识—有见解地思考问题—创造性地解决问题"。要做到这些就要在教学过程中设置各种条件和意境来启发和训练学生。例如：要在课程中设置问题或情景，启发学生思考；提倡学生做出有新意的实验和设计方案；精心组织课内外的学术讨论等。

第二节　实践教学内容和体系的改革与创新

一、在实验教学中变验证为应用

就高等职业技术教育的培养目标来看，实验教学应针对学生的特点变验证性实验为应用性实验。不仅让学生熟练地掌握某一项实验的方法和技巧，还要让学生知道其实验还能做什么，怎么用，等等。从而拓宽学生视野，启发创造灵感，培养学生的知识创新意识和开创型思维方法。例如润滑油的黏度实验。验证性实验方法是把标准油拿来并告知此样的黏度值，让学生通过实验来印证这一结果。如果我们改革一下实验方法，把标准油液换成机器上使用过的油液。在相同的实验环境条件下，测出使用油的黏度值，并根据其黏度值的变化来判断润滑油质量的好坏，进而判断润滑油能不能继续使用。实际上是通过润滑油理化指标的分析，为实现对机械设备的油液使用与管理提供准确可靠的依据。还可分析油液质量下降的原因，查找影响其质量下降的具体部位，为机器故障诊断和维修提供科学依据。

二、在认识实习中变参观为交流

认识实习是实践教学环节的重要组成部分。通过人的大脑对客观世界的反应，达到了解客观世界之目的，属于感性认识阶段。其目的是让学生较早地介入职业领域，增强专业学习的兴趣，激发学生的求知欲望，达到从被动接受知识到主动获取知识之目的。一般情况下，认识实习的过程是一个走马观花的参观过程。

为改变此局面，指导老师在选择实习单位时必须走向社会，广泛调查，制定出科学合理的实习大纲。要有组织有计划地请技术领导或专家做专题报告，介绍重要工作岗位和典型工件的制造环节，让学生与师傅有充分的时间去交谈，深入了解关键岗位对人才的知识、技能和素质的全方位要求，积极培养学生在实践中发现知识、获取知识的能力。

三、在生产实习中变被动为主动

生产实习应采取以学生为主体、师傅为主导、教师为桥梁的生产实习方法。师傅具有丰富的实践经验和操作技能，但理论知识较少，横向交流欠缺，信息不畅等，有些关键的工艺方法有可能是落伍的。而师傅的薄弱环节恰恰是学生的优势，在关键技术上的新工艺、新方法、新技术又是老师的强处。只要老师能够合理地协调，可以达到互利的效果。例如，在工程机械修理的生产实践中，师傅在装配内燃机汽缸套时，仍采用那种传统的、在缸套端口垫上木块，用锤砸击的工艺方法，装配质量较差，而采取在装好阻水圈的缸套外表涂上机油，用手的推力即可推入到位的装配新工艺，既保证装配质量，又省工省力。

第三节　教学方法和手段的改革与创新

一、以"启发性"教学方法为主

问题教学方法的核心是提问。教师要在教学过程中设置问题情景，编制使学生回忆、理解、思考、分析、应用、评价所学内容的各种问题，并鼓励学生提出问题，促进学生的思维过程并将它扩展到一个更高的认知水平。程序教学法是把教学内容分成若干的学习步骤，每一步提一个问题，由学生循序回答。其优点是分散难点，循序渐进揭示概念的内涵，使问题逐步深化，有利于调动学生学习的主动性和积极性。发现教学法是学生在教师指导下，通过自己的探索和学习，发现事物变化的起因和内部联系，从中找出规律、形成概念、学到知识。

针对职业教育的特点，可采用项目驱动法、工程案例法、情境教学等方法。另外，组织形式活泼多样，如讨论法、学生之间问答法、课件演示法等。

二、教学过程中应用现代化的教学手段

与教学有关的现代科学技术主要有电子计算机、电视录像、卫星通信等新技术，它们正在促进各种教学手段发生深刻的变革。教学手段已由一般的电子媒介发展到先进的电子媒介。目前美国、西欧以及一些发展中国家大力发展计算机化教育，指的是依靠电子计算机实施教学、组织和管理教学以及辅导学习、模拟实验等活动。它有以下几种类型：

（1）计算机辅助教学指的是一种自动化的教学手段，用计算机将教学内容和教学要求展示给学生，通过学生与计算机之间的相互作用完成各种教学功能。

（2）计算机模拟，指的是利用计算机构成一种模拟事物情景、实验环境，用以探索未知事物。

（3）计算机管理教学（Computer Simulation），指的是使用计算机来管理与指导教学过程。教学法的改革势在必行，这里不单是教与学的内部因素，还必须采取相应的配套措施。诸如加强教材建设、实习基地建设、优化培养模式、加强校企合作等多方面措施，同样显得非常重要。

第四节　考试方法的改革与创新

一、高等职业教育所要求的考试方法的特征

（1）因为高等职业教育的培养模式是"能力为中心"的培养模式，所以高等职业技术教育的评价体系，应是以能力培养考查为主体的评价体系。

（2）高等职业技术教育模式构成中最主要突出"职业岗位能力"的培养和形成。而这种较强的实践能力通过教学过程中的实践环节来完成，所以技术教育应紧紧抓住对实践环节的缜密考查，以确保这种能力的形成。

（3）高等职业技术教育是面向生产第一线的教育。学、产联系紧密与否，教育质量的好坏，应由毕业生在职业岗位的工作效果来评价，所以高等职业技术教育的实践环节的考试应紧贴岗位群的生产实际，做好学、产的互联。

二、高等职业教育考试方法的现状

（1）考试方法单一。目前多数院校的绝大部分必修课程和部分选修课程不考虑课程体系、性质、内容及要求，都只是采用闭卷笔试这种方式，这必然增加了学生记忆的压力，造成"重理论，轻能力，重记忆，轻创造"的后果，学生只按标准答案背书、背笔记，而轻视了对创造能力、动手能力的培养。

（2）考试内容简单。传统的考试大都是考知识，强调全面掌握某门课程的内容。从考试内容看，都是教科书上有的，教师讲过的，没有任何的发挥，缺乏综合运用所学知识解决实际问题的试题。考试前，教师要求学生重点复习，划定考试范围，有些学生平时学习不努力，期末考试临时抱佛脚，往往也能通过考试。这就导致学生不愿平时花力气认真听课，不去独立完成作业，使旷课、抄袭作业等现象屡禁不止。

（3）考试次数偏少。对于某一学科的考试只是课程结束时，一张卷子来考查学生掌握知识的程度，这对平时学习起不到应有的经常性的督促作用。

（4）实践环节成绩评定轻过程。经过调研目前绝大多数院校对于教学过程的认识实习、生产实习包括毕业设计，缺乏能力点的设计、考查和督促，更有甚者是没有教师具体组织、讲解，只根据学生实习后的总结进行评定。

三、高等职业教育考试方法的改革与创新

（1）积极推行职业资格证书制度和相关社会认证制度，确保高等职业技术教育的

质量。高等职业技术教育是以"能力为中心"的教育，同时又是与生产实际结合非常紧密的教育。对于教学过程中所要求能力点的考核，能够与职业技能鉴定接轨的，要组织学生通过职业技能鉴定，才能取得相应等级的职业资格证书。对于如计算机应用能力的考核，要组织学生参加全国计算机等级考试取得相应证书，以此作为对该课程或实践环节评价的重要内容。

（2）构建学、产评价体系，引入技师考核、确保对能力点评价的准确性、适用性。校企联合，走产、学、研相结合之路是高等职业技术教育健康发展的保障。有了企业的参与，不但能给教育提供良好的实践基地，还能在学生培养过程中，特别是实践环节教学中引入企业家、技师的教学与评价。而所谓的学、产评价体系正是如此。由他们通过实践提问、做模型、试操作、模拟问题现场等手段来确保考核能力点的准确性和适用性。

（3）深入研究考试的目的、方式和达到的效果。多种考试方式、方法并举、灵活应用。要对高等职业技术教育考试的方式、方法进行改革，就必须深入细致地研究课程体系所要求的学生能力养成的内容和程度。即通过教学过程和考核要培养学生什么能力，要达到什么程度。这是考试组织者首先必须清楚的。清楚这些还不够，还要研究具体的组织形式。如对于社科类、文科类的一些课程可采用开卷考试与撰写论文相结合的方式；对专业课可考虑用口试或开卷考试，重点是考核学生的分析、应用能力，而不是考核学生的死记硬背。对一些理论性很强的基础课也不一定都完全采用问卷形式，可采用半开半闭的考核方式。所谓半开半闭考试方式，允许学生看书和其他参考资料，把你认为重要的公式或一些重要的内容记录在所发的专用稿纸上。然后，不留有任何与考试有关的资料，再发考卷进行考试。对有些课程还应提倡教一练二考的教学方法，以加强学生的自学能力培养。此外，还可以采用口试与笔试相结合，平时考核与期末考试相结合，理论教学与现场操作相结合。

第五节　教学体系的改革与构建案例

本案例是浙江同济科技职业学院对省级精品课程《水电站计算机监控技术与应用》的教学体系所进行的改革与构建。

一、课程理论与实践教学学时安排

浙江同济科技职业学院结合新世纪教学改革项目，为了使课程教学更好地适应行业岗位的需要，把《水电站计算机监控技术与应用》课程的理论教学内容从原来的基础理论和发展趋势两部分增加到：基础理论、应用技术、工程技术和发展趋势四个部分。四部分内容采用层层递进，形成"提出问题→解决问题→案例思考→反馈深思"四段式组织形式。压缩了理论课时，增加了实践课时并丰富实践内容（原来仅有参观实习 1 天和验证性实验 1 周），使得原来的理论和实践课时比例从 4∶1 提高到 1∶1.8。课程总学时 72 学时，其中理论教学 26 学时，实践教学包括基本课题实训（16 学时）、微机监控实习（即复合课题训练）1 周（校内），课程设计和大型作业（科研性训练）16 学时，按每周 12 学时折算，达 46 学时。本课程实践教学不包括与本课程紧密相关的专业性实践，如认识实习 1 周（校外），专业实习 2 周（校外），技能鉴定 1 周，毕业设计及答辩 4 周，毕业实践 15 周等。

二、校企结合，创建课程教学团队

《水电站计算机监控技术与应用》课程改革组通过长期的研究与工作实践提炼出了"实践育人"的教育教学思想，并把该思想贯彻于"发电厂及电力系统"专业的人才培养全过程。通过校企结合，组建课程教学团队，"水电站计算机监控技术与应用"课程为该教学团队的主体课程。该教学团队成员共 22 人，其中有 10 人来自企业单位，如亚太小水电新技术研发中心、安吉老石坎水电厂等。

教学团队成员有强烈的教学质量意识，自觉接受学院的教学质量监督与考核评价。近三年团队 22 位成员中，学院教学督导评价室评价最低 80 分，学生评教最低 78 分，85 分以上占 60%，没有发生一次教学事故。

教学团队积极承接教育部、省教育厅以及行业主管部门的纵向课题和来自企业的横向课题，勇于结合实际改革与创新，取得较多成果。主持和承担国家、省（部）、地（厅）级课题 20 项（其中：4 项通过鉴定）；横向课题 5 个，公开发表论文 100 篇（其中：25 篇全国中文核心）；先后独著、担任主编、副主编出版专著、教材 11 部（本）；成果获各级奖励 22 个：省政府二等奖 1 个，市政府二等奖 2 个，获省级精品课程 1 门。教学团队重视教材建设和教材研究，团队成员担任主编、副主编和编审出版的教材 8本，其中 3 本列入世纪高职高专精品书系，部分教材如《水电站电气部分》已公开发行 20000 册以上，使用效果较好。教材改革不仅使学生受益，而且每年举行培训班（我校为水利部浙江省唯一定点培训单位），培训了一批又一批企业员工，提升了他们的综合素质和操作技能。许多企业员工经培训通过了技能鉴定，成为技师或高级技师。

另外，教学团队构建了"产学研"结合的校内、外实验（训）基地，建立了"产学合作、互惠互利"的运作长效机制，构建了基于现代技术的课程平台（包括多媒体课件系统、网络课堂平台、工程案例资源库系统、教学信息发布平台、虚拟实验实训平台等），对校内、外学生开放，改革教学方法和手段，已取得一定的良好成果。

三、基于网络环境，改革理论教学手段与方法

《水电站计算机监控技术与应用》原有的课程体系模式已不适应现代职业教育发展的需要。主要表现在：①教学形式的单一和枯燥，不利于学生对教学内容的理解和运用；②教学资源的封闭性和资金来源的单一性，不利于教学资源的共享和交互；③未建立资源数据库管理系统，不利于教学资源的积累和精化，在一定程度上影响了教育的质量；④教学资源没有得到完全合理的配置，影响教学需求和教学供给的协调。为了解决上述问题，必须结合现代技术，打破传统课程体系的时空界限，构建一个基于网络环境的精品课程体系，使得理论教学手段与方法能够适应现代职业教育发展的需要。

（一）系统化 CAI 教学课件，提升课程教学效果

《水电站计算机监控技术与应用》课程的 CAI 教学课件系统可以采用多媒体技术和可视化技术进行开发，多媒体技术包括多媒体课件制作技术、网络视频技术和音像技术等。可视化技术主要指采用可视化软件编程环境对 CAI 教学课件进行整合、管理和优化。CAI 教学课件可以采用 PPT、Flash、几何画板等多媒体制作软件进行制作，在制作过程中可以结合网络视频技术和音像技术，使制作的多媒体课件更加栩栩如生；使课件在播放过程中能够达到视觉和听觉的互相补充；使之更加能够吸引学生的注意力。单个的、零星的 CAI 课件不利于整个课程的多媒体化教学和管理，为此课程教学团队构建了基于 C/S 模式的 CAI 课件系统。2005 年论文《水电站计算机监控技术 CAI 教学课件系统的建模》获浙江省教育厅职教教科研优秀论文评选一等奖；2006 年 "水电站计算机监控技术与应用" CAI 课件系统荣获浙江省教育厅职教优秀课件评比三等奖；2008 年 "水电站计算机监控技术与应用" CAI 教学课件系统 V2008 获国家版权局颁发的软件著作权证书。该系统把制作的各章节的 CAI 课件采用可视化软件平台如 VB6.0、VC6.0、Delphi 等进行整合，采用目录树进行管理，采用可视化技术进行优化，使之具有统一的平台和完备的功能。CAI 课件系统使课程的教学形式更加多样化，从而加强了学生对教学内容的理解和运用，提高了课程的教学效果。该系统参加校现代教学技能比赛荣获二等奖。

（二）构建网络课程教学网站，提高教与学的协调性

《水电站计算机监控技术与应用》网络课堂教学网站是多媒体教学和网络教学相结合的产物。该网站主要由教师网络教学、学生网络学习和师生教学互动平台三部分组成。教师网络教学主要包括网络教学视频，教学录像下载和多媒体课件下载等功能。教师可以通过网络上传、修改和删除各种教学资料。学生网络学习主要指学生可以通过网络进行学习，下载教学课件进行自主学习等。网络课堂打破了传统课堂的时空界限，教师可以随时随地上传最新的教学资料，学生也可以随时随地登录网络课堂进行

学习，使得教学资源得到了合理的配置，从而有利于教学需求和教学供给相互协调。师生教学互动平台主要由网络作业管理、BBS 答疑和留言板等部分组成。教师可以下载和批改学生作业，上传已经批改的学生作业；教师可以通过 BBS 在线回答学生的提问；通过留言板离线回答学生的问题。学生可以通过网络进行学习、上交作业、下载已经批改的作业和提问等。师生教学互动平台增强了师生的教学互动性和协调性。

四、以"实践育人"理念，设计实践教学途径和方法

（一）基于网络平台构建，使得理论教学体现"实践性"

（1）《水电站计算机监控技术与应用》课程采用现代教育技术，拓展实训时间。传统教学方法是以"灌输式"课堂讲授为主导教学方式，形式单调。要求以学生自身的学习要求和自我约束作为保证学习效果的手段，有很大局限性。现代教育技术将现代科技与教育紧密结合在一起，其便捷性、先进性和良好的授课效果，给实践教学的开放性提供了可能。利用多媒体计算机技术和网络通信技术，对学习的有关过程、资源进行整合、设计、提供学生操作实训，反复使用，提高实践课程开发水平和学生自我学习的能力。

（2）《水电站计算机监控技术与应用》课程建设形成适应实践教学开放式管理的机制。人员上有专职实训指导教师，全天候接受学生自主安排的实训要求；硬件条件上建成开放式的实训网络平台，给学生自主学习提供技术支持。

（3）《水电站计算机监控技术与应用》课程通过现代教育技术促成实践课程教学大纲、教学方案、操作过程电子化。教师的实训操作过程通过录像的方式，利用网络和电脑反复播放，学生可以选择自己薄弱的环节反复观摩学习，与之后的训练相辅相成，提高实训的最终效果。

（4）《水电站计算机监控技术与应用》课程不断提高现代教育技术使用与建设水平。可以与相关企业和行业协会网站等专业网站链接，并不断完善形成关于实训内容的资源库，及时获得最新技术资讯，同时向学生传播。

（二）创设真实情景，建立校内实验（训）教学基地

专业化的教学团队、先进的课程内容和标准以及行之有效的实践教学模式决定了学生的专项技能水平。校内实训基地建设的状况是高职学生专项技能训练硬件基础。专项技能训练质量的高低很大程度上取决于校内实训基地的建设。所谓"真实情景"，旨在体现工学结合、构建特色鲜明、适应高职教育的校内实训基地，找到一种符合应用技能教学规律的实训教学模式。早在 2005 年初，《水电站计算机监控技术与应用》课程教学团队主要成员就参观和考察国内部分企事业单位、知名产品厂商及高职院校，在充分调研的基础上，构建适应现代计算机监控高技能人才培养所需的实训环境已基

本成形。2005 年"水利行业高级应用型人才实训基地"项目获省级部门专项资助 250 万元，其中 100 万元明确用于构建"水电站计算机监控"校内实训平台；2006 年"面向浙江省新农村的水电站计算机监控高技能人才培养基地"项目获省级部门专项资助 15 万元；2007 年我院审批了两个项目的合计资助资金 115 万元，启动了"水电站计算机监控"校内实训平台的建设。目前一些水利和电力院校已建的发电厂及电力系统计算机监控实验室照抄发电厂及电力系统计算机监控的实际模式，只能供参观而不能用于学生实训，利用率低且很不实用。通过启动浙江省教育厅课题"基于 C/S 构架的发电厂及电力系统计算机监控实验平台的构建与研究"，打破了一些水利和电力院校传统的构建模式。采用了基于 C/S 的新构架模式，该平台可以很好地完成"水电站计算机监控技术与应用"课程的基本课题实训和复合课题实训，并可为其他课程如《继电保护》《电力系统分析》等课程实验实训服务。此外，还利用搬迁新校的机会，组织实习教师、维修专业学生和设备供应商对设备进行大、中修，以保持设备的良好状态。

在后续的研究中，教学团队围绕计算机监控实训环境，从高技能人才能力培养的角度出发，研究适应行业和技术发展、专业特色鲜明、设备及内容先进的基于"真实情景"下的技能实训教学模式。在一个"真实情景"实训环境中，学生在逻辑上相互独立，在物理上被分成若干个实训课题组。各个实训课题组在"真实情景"实训环境中配置监控参数、排除电气故障，进行真实情景演练。"真实情景"实训环境直接面向现实，各类现实问题将直接出现在已设的各种情景中。学生经过阶段性的反复训练，对出现的各类计算机监控及安全问题十分熟知，极大地提升学生的实际应用技能。

"真实情景"水电站计算机监控实训环境拟开设了两大类实训项目，分别是：基本课题实训和复合课题实训。基本课题实训分子课题 9 个，复合课题实训共 3 个，分别划分子课题 9 个、7 个和 6 个，合计子课题 22 个。总计项目 31 个，覆盖现代水电站计算机监控技术的绝大部分应用领域。可以毫不夸张地说，在今后的 3～5 年内，高职学生熟练掌握和应用这些项目，对其就业竞争力必将是一个强有力的支撑。

"真实情景"的水电站计算机监控技能实训环境建设的核心价值，即在于它能够从人才培养、科技创新的实用领域入手，从高等职业教育的层面向社会输送人才和技术成果，使学校、学生和企业都成为受益人。学校通过培养有用之才为社会做出贡献，通过专业实践教学的建立、扩大生源、吸引优秀师资力量，进而提升学校的知名度。学生的学习过程与社会工作实践紧密结合，成为掌握专业技术技能的人才，增加了就业的对口度和竞争力。企业与学校进行合作，由学校根据企业工作岗位的具体需求为其定向培养人才，企业为人才提供实践场所和就业机会，并将教学成果和学术研究成果产业化，从而实现了学校、人才与企业的共赢。"真实情景"旨在培养适应地方经济社会发展的网络高技能人才，实现学生在校学习到实际工作的对接。此外，"真实情景"实训环境的构建有利于开展社会培训和技能鉴定等工作。

（三）创建模拟环境，开发虚拟实验实训平台

针对高职课程的教学特点，《水电站计算机监控技术与应用》课程教学团队从2006年开始组建虚拟实训环境开发项目组。经过努力并结合 ASP.NET 及相关技术建立了基于 B/S 模式的水电站计算机监控的虚拟实训环境。教师和学生分组充当水电站计算机监控软件管理员和值班员角色，登录虚拟实训环境。根据其中虚拟的工程案例的内容要求，完成管理和监控任务，并分阶段提交各自的日志，教师对值班员的工作进行指导和答疑。这样，学生将置身于以真实职场为背景的虚拟实训环境中，亲身感受规范的监控软件操作流程，迅速掌握规范的软件操作和高效的故障排除步骤与方法。在虚拟的操作过程中提高实践动手能力，获得实际工作经验，从而大大缩短了就业后的岗位适应期，真正实现职业教育与企业岗位需求之间的相互衔接。2008年"水电站计算机监控技术与应用"虚拟实验实训平台 V1.0 获国家版权局颁发的软件著作权证书。

（四）建立"产学合作，互惠互利"有效机制，构建校外实习基地

学生实习是实践性教学的重要环节，是在特定的工作岗位上直接参与生产实践的过程，也是培养技能型人才的重要途径。但是由于学校、企业和学生三方面的原因，实习并没有达到应有的效果。因此，各级职业院校如何立足实际，探索有利有益的办法来保障学生的实习，是迫切需要解决的问题。为此，《水电站计算机监控技术与应用》课程改革组通过全国教育科学"十五"规划课题子课题"产学合作，互惠互利——学生实习模式和有效机制构建的研究与实践（FJB011590）"和浙江省教育科学规划2007年重点研究课题"高职教育工学结合人才培养机制和实习模式的研究与实践（SB44）"的研究，分析各院校在组织实习过程中普遍遇到的问题，提出在"产学合作，互惠互利"平台下，构建学生实习有效运作长效机制。

近几年，通过该机制的实践，改变了学生实习只是"走一走、看一看"的局面。学院与浙江安吉老石坎水电站、浙江安吉赋石水电厂、浙江诸暨陈蔡电厂、浙江天台龙溪水电厂、浙宝电气（杭州）集团有限公司、浙江省水电建筑机械有限公司、浙江省火电建设公司等签订了产学研合作教学基地协议书。企业提供计算机监控实习岗位，确定了联系人。为学校提供50个学生的上课、住宿、用膳、课外活动等教学生活条件，由电厂负责组织管理学生的实习；学校按核定额度支付实习基地实习费及讲课费，基地优先挑选毕业生，学校为基地提供培训、技术咨询等服务。经过近3年的实践，校企双方都很满意。

（五）紧密结合工程案例，使课程教学体现职业岗位针对性

我国近现代职业教育的奠基者黄炎培认为，职业教育是"用教育的方法，使人人依其个性，获得生活的供给，发展其能力，同时尽其对群之义务的教育"，它的目的是"使无业者有业，使有业者乐业"。学者郭思乐则认为应该把高职教育的课程中心定为

"人的未来职业准备"。高职教育职业性的鲜明特点在于所培养人才体现出来的职业岗位针对性，必然要求高职教学内容具有职业性，与学生未来的职业准备相匹配。目前，高职学生的毕业去向主要是面向生产一线的企业，所以企业的需求是课程教学内容的基本依据，脱离了生产实际的课程教学内容无疑是空中楼阁。

由于《水电站计算机监控技术与应用》课程具有很深的行业背景，紧密结合工程案例是课程教学内容改革的必由之路。该课程作为专业中的"水电站计算机监控岗位"的核心课程，使其在岗位人才培养中必然发挥主导作用。"岗位实践"是使课程教学体现职业岗位针对性的核心要求。由于"工程技术"部分是课程的核心部分之一，这要求在教学过程中必须引入工程案例，以提高学生解决工程实际问题的能力。工程案例中的问题正是学生毕业后在岗位中可能碰到的实际问题，紧密结合工程案例进行教学，使得学生在学习期间就更有针对性地进行"岗位实践"活动。

职业岗位的针对性要求课程教学中必须采用能够体现时代特征的工程案例，过时的案例不但不能体现教学的针对性，而且会背离"零适应期"的岗位目标。因此工程案例资源的获取和管理非常重要，工程案例资源的获取有以下途径：①教学团队通过科研进行积累；②通过假期调研获取；③校外实训基地的实际问题；④通过网络获取。为了使工程案例资源得到有效管理，可以更新陈旧的资源，删除无用的资源、添加最新的资源，并可以随时调用资源。教学团队组建了"工程案例资源库系统"开发组，对该系统进行开发。工程案例资源库系统是一个基于数据库管理的软件系统，它把行业中关于计算机监控的工程案例存储于数据库中，可以在教学中随时调用。工程案例资源库系统打破了传统的实践教学资源的无序管理状态，实现了基于 B/S 构架的有序管理模式。工程案例资源库系统 V3.0 于 2008 年获国家版权局颁发的软件著作权证书。该系统的开发满足了学生学习工程技术，解决工程实践问题的需要，同时为教师指导学生毕业设计提供了良好的素材库。工程案例资源库系统拓宽了教学资源的渠道，通过积累效应，达到实践教学资源"取之不尽，用之不竭"的效果。

五、以岗位技术行业标准，评价课程教学效果

浙江省的水电发展走在全国的前列，水电开发率达 60%。新开发的水电站都实行了计算机监控，依据国家电力公司的要求，未进行计算机监控的水电站应本着循序渐进得原则逐步实行计算机监控改造。"十一五"期间，浙江省全省规划完成农村老水电站更新改造装机 25 万千瓦。水电站实行计算机监控后，一方面是水电站知识老化的职工人员剩余。另一方面，是真正掌握"计算机监控技术与应用"的技能型应用人才缺乏。为解决这方面的矛盾，需要从两方面同时进行：一方面，通过培训提高水电站老职工的综合素质，使之初步掌握计算机监控软件的操作能力。我院作为水利部定点培训单

位（浙江省唯一），从 2005 年开始举办了多期"电站值班员"和"电站安全员"培训，并把《水电站计算机监控技术与应用》作为主要培训课程，其目的正是为此。另一方面，必须通过全日制学习培养高技能型的计算机监控应用型人才，以满足水电站对计算机监控岗位高技能人才的需求。为此，我院"发电厂及电力系统"专业设立"水电站计算机监控岗位"，并把《水电站计算机监控技术与应用》课程作为该岗位的核心课程。《水电站计算机监控技术与应用》课程作为一门与行业岗位紧密结合的专业课程，其职业性与行业性决定必须结合行业标准来评价课程的教学效果。目前，我国高职教育的课程没有统一的标准，尤其是与行业标准未能实行对接。因而经政府授权颁发的学历文凭就没有职业技能的证书特性。当前国家教育主管部门通过行政措施，打造了一批精品课程和精品教材等，鼓励各类教育专家和院校开发优质课程平台和富有特色的教材体系。这一做法，对以学科型为主的本科或研究性院校是有积极意义的。然而无论从历史和未来发展的角度，还是发达国家的实践看。对职业院校而言，在没有职业能力标准条件下开发产生的"精品课程"或"精品教材"，仍然不能较好地解决政府授权颁发的文凭和各类证书具有法定的到企业应聘所必备的技能和岗位资格证书功能这一难题。因此，为解决职教课程与行业标准不能对接的难题，必须建立结合行业标准来评价课程教学效果的机制。

由于行业地方发展的不平衡性，且我院面向浙江省招生，培养的学生大多为浙江省地方企业服务。因此，作为水电发展的"浙江模式"在全国推崇的浙江省，更应该结合地方性行业标准来评价课程的教学效果。结合地方性行业标准来评价课程的教学效果其优点在于：①地方性行业标准具备地方行业特性，与我院学生就业的区域特性一致；②地方性行业标准比国家行业标准更加具体、更加细化，更能形成评价课程效果的量化指标；③地方性行业标准的许多内容可以直接引入到课程标准，成为课程的教学要求、教学内容和考核标准的一部分。目前在浙江省水电站计算机监控方面的地方性行业标准仍然一片空白。为此，我院与亚太小水电研究中心及校外多家企业联合，完成了浙江省技术监督局、浙江省水利厅科研计划项目"小水电计算机监控系统技术标准的研究"。以该项目为基础，《小水电站计算机监控标准的编制》现已完成初稿，正在征求全省本行业的专家意见，再由省技术监督局组织审查，通过后即可颁布，以填补浙江省水电站计算机监控地方行业标准的空白。

六、建立课程信息发布平台，共享网络教学资源

课程信息发布平台是现代课程体系与外界交流和共享资源的重要窗口，各种教学资源可以通过信息发布网站对外进行发布，包括课程说明、任课教师介绍、教学大纲、教学实施方案、教学辅导资料等。"水电站计算机监控技术与应用"课程信息发布平台

获国家版权局颁发的软件著作权证书。该课程信息发布平台具有用户权限管理和辅助管理等功能，用户权限管理包括用户注册认证和用户信息管理，它提供用户安全登录访问机制，把用户级别按权限由低至高分为 3 类：学生、教师和教务管理员。权限不同的用户享有不同的系统资源使用权限。一般学生对平台上的各种资源只有浏览的权限，任课教师除了可以享受学生的所有权限之外，还可进入平台对各种资源进行上传、修改和删除。教务管理员除了拥有任课教师和学生的所有权限外还可进行用户信息管理，指定任课教师，添加、修改和删除学生信息等。课程信息发布平台使得教学资源具有开放性，有利于教学资源的共享和交互。

第九章　新时代高等职业教育师资队伍建设

《中国教育改革和发展纲要》指出："振兴民族的希望在教育，振兴教育的希望在教师，建设一支具有良好政治业务素质、结构合理、相对稳定的教师队伍，是教育改革和发展的根本大计。"教育部《关于加强高职高专教育师资队伍建设的若干意见》也提出："各类高职（高专）院校要按照培养高素质实用性人才的要求，从适应社会主义市场经济发展需要的高度，充分认识全面提高师资队伍整体素质的重要性和迫切性，切实加大师资队伍建设工作的力度，努力建设一支师德高尚、教育观念新、改革意识强、具有较高教学水平和较强实践能力、专兼结合的教师队伍。"近年来，伴随着经济的快速发展和人民群众对接受高等教育的强烈需求，高等教育快速发展，高等职业教育作为高等教育的一部分，因其密切结合经济和社会发展需要，人才培养周期较短、实用性强，在短短的几年间得到迅猛发展，已占据高等教育的"半壁江山"。但由此也出现了办学设施跟不上、师资紧缺、生源质量较差等一系列问题，从一定程度上影响了整个高等职业教育的人才培养质量。本章就高等职业教育师资队伍建设的某些问题做些分析和探讨。

第一节　高等职业教育教师的使命与素质

一、高职院校教师的使命

有人曾说过，国家之间的竞争是国家综合实力的竞争，国家综合实力的竞争关键是经济实力的竞争，而经济实力的竞争关键又在于科技的竞争，科技的竞争归根结底是人才的竞争，而人才的竞争基础又在于教育。办好教育的关键在于教师，教师的好坏直接关系到教育质量的高低。现阶段高等职业的广大教师肩负着光荣而艰巨的历史使命。

（一）为社会主义现代化建设培养高级职业技术人才

根据社会学原理，社会现代化首先需要人的现代化，而人的现代化要求教育首先必须现代化。教育现代化，一是教育的规模、数量、普及率要提高；二是办学条件、教育技术方法要改进；三是教育思想、价值观念要转变。这三个方面相辅相成。但在教育发展过程中，教育思想观念往往是制约教育现代化的关键因素。由于传统和习惯势力的影响，观念转变不可能一蹴而就，往往难度更大，需要更长时间。如我国的专科教育早已有之，但专科教育一直尾随本科教育，缺乏应有的特色，办成了本科的压缩型，以致社会声望、就业率始终低于本科，直到 20 世纪末将高等专科教育纳入高等职业教育体系，才完成了其重新定位。

社会对教育的期望最终要反映在教育培养的人才符合社会发展要求。现阶段，我国经济持续高速增长，高新科学技术成为经济增长的重要因素。但是我国的总体经济水平还相对落后，自主知识产权所占份额较少，高新科技领域的发展成果有相当部分是通过合资和引进外资实现的。当前，以加入 WTO 为契机，我国正向世界制造业中心这一目标迈进，因而迫切需要提升制造业的技术含量以增强国际竞争力，而这必然要依赖于数量庞大的高等技术应用型人才。在这种背景下，使我国高等职业教育对人才培养的定位更加明晰，而培养具备现代人意识和较高文化素质及熟练运用现代科学技术，高级实用型专业人才将成为当务之急，各高职院校的教师责任更加重大。

（二）教书育人，注意提高学生的素质，塑造学生的职业精神

高职院校的教师也要把教好书放在重要位置，在教学工作中，教师始终处于主导地位，只有高质量的教师，才能培养出高质量的学生。从专业教学改革、课程体系的重组；到教学内容的选择、教材编写，再到每一节课的讲授；以及实验、实习、课程设计、毕业设计等，都离不开教师的创造性劳动。只有教师认真备好每一节课，采用先进的教学手段，贯彻启发式教学思想，理论联系实际，深入浅出地进行讲解，才能让学生感受、理解知识产生和发展的过程，培养学生的科学精神和创新思维。

教师在教好书的同时，更要育好人，要注重提高学生的素质。因为不论何种教育，首先是对人性和人格的培养，要使其成为一个能遵守社会规范、承担社会义务的现代人，而不仅仅是只会做工的人。马克思从批判资本主义为追逐经济利益造成人片面发展的现实出发，提出教育要促进人的全面发展的学说。我们现在推行素质教育，是对马克思关于人的全面发展理论的运用和发展，也是修正教育实践中一些偏颇的教育思想和行为的有力思想武器。美国教育家赫钦斯曾指出：现代教育制度以经济增长为目标，重点放在职业上，把人看作简单的生产工具，把学校看成是人力加工厂，按物的生产原则来管理学校，这都是非人性的。从实际效果看，也是低效甚至无效的。

因此，高等职业教育在培养目标的定位上要处理好素质教育与专门教育、做人教育与做事教育等多方面的关系，防止出现片面强调知识教育和技能教育，将高职教育简单化和工具化的倾向，要立足于把高职院校的学生培养成为德、智、体、美等方面全面发展的、具有较高综合素质和工作能力的、适应社会需要和发展的人才。为此，

在实现其培养目标的过程中，教师要积极向学生传递正确的教育信念和职业理想。在各种教育行为中要充分体现以学生为本、热爱职业教育的工作精神，要特别重视培养学生的职业道德与共同生存、自我意识与价值定向以及创造性和主体性等品质和社会交往与合作能力，使之成为有独立个性、坚定信念和创新精神的人，成为现代生产、建设、管理、服务第一线的中坚力量。

（三）帮助学生走向成功

每个人都希望自己在成长中不断取得成功，但是不可能人人都取得一样的成功。接受职业教育的学生在同龄人的升学竞争中通常扮演的是"失败者"或"低端成功者"的角色。而高等职业学校对他们进行的是成功教育，让学生认同进入高职院校同样是成功者，而且是一条成长的"快车道"。毕竟我国的高等教育入学率在世界上还是比较低的，绝大部分的同龄人还无缘进入大学校门。所以让高职学生以成功者的心态安心接受高等职业教育是帮助学生成功的第一步，要培养学生用一种"选择"的思想正确看待自己脚下的路，养成学一行、爱一行、钻一行、行行成才的学习意识和行为习惯，坚定取得成功的自信，形成乐观向上的人生态度。

成功是一个动态的过程，要想取得真正的成功并且能不断进步，必须拥有扎实的基础知识、过硬的业务能力和不懈地学习恒心。一般意义上讲，能力是职业成功的核心。因此，"能力本位"应始终作为职业教育的基本思想被强化。但是，从教育的本质上讲，没有良好的人性基础的能力发展终究是有限的、片面的，也是缺乏社会意义的。高等职业教育不能暗示学生：进入高等职业学校，我一生的职业就基本定性了。现代高等职业教育是一个实现人生价值和促进职业发展的平台，绝不是一个狭隘的职业通道，高等职业教育是在提升人性的基础上发展人的职业能力，即以职业为载体实现个性的多方面和谐发展。

二、高职院校教师应具备的基本素质

所谓素质，一般是指人自身具有的能够对人的活动发生作用的稳定的基本品质，它包括先天素质、可能素质和现实素质。我国教育界所说的素质，实际上主要讲的是现实素质，它是指人在后天通过环境影响和教育训练所获得的较为稳定的基本品德结构，包括人的思想、知识、身体、心理品质等。可见人的素质应当既包括先天的、生理的遗传素质，也包括后天通过学习、实践和培养而形成的品质和素养，而教育对于人的综合素质的形成和提高具有不可忽视的作用。

素质既可以针对某一个个体，也可以针对某一个群体。教师职业是专门性职业，教师必须具备多方面的素质才能胜任教育工作。可以说教师素质的高低直接影响教育事业的发展，也关系到国家的兴旺和民族的昌盛。高职院校教师的素质应该包括德、才、能、心理等几个方面。即教师职业道德素质、职业能力素质、人文素质、专业素质和心理素质等。

（一）职业道德素质

教师被人们誉为"人类灵魂的工程师"，因而从业教师的职业道德对学生的成长有着至关重要的影响。作为一名合格的人民教师，必须坚定对党的信念，对社会主义的信念，树立科学的世界观、人生观、价值观，具有为教育事业奉献终身的崇高理想、高度负责的敬业精神、良好的职业道德和健康的心理素质。高职院校的教师同样必须具备这些良好的职业道德素质。

1. 忠诚党的教育事业

教师职业所需要的奉献精神，正如陶行知先生所说的"捧着一颗心来，不带半根草去"。作为教师，必须忠诚于党的教育事业，正确处理国家、社会需要和个人抱负的关系，具有高度的责任感和强烈的事业心。

2. 爱岗敬业

高职教师作为教育者，本身必须树立良好的社会形象，成为建设社会主义精神文明，促进社会进步的推动力量。职业本身要求高职教育的教师要有高尚的道德品质，爱岗敬业的精神。

教师爱岗敬业的一个重要表现就是要热爱学生，这种师爱可以鼓励学生克服困难、积极向上。要培养师爱，首先要增强对师爱的认识，要把青年学生看作未来社会主义建设者和接班人这样一种崇高的信念系在一起。师爱还要求教师平等地关心和爱护每个学生，对落后的和成绩差的学生，教师要倾注更多的爱。

3. 淡泊名利

教师必须具有"平平淡淡才是真"的心态。教师职业既没有很高的经济魅力，也没有很高的社会地位魅力，不如从事与政治相关职业的名望和从事与科技相关行业的人的成就。教师必须有踏踏实实的工作作风和任劳任怨的精神，以平常心态对待名利。

4. 为人师表

为人师表是我国教师的传统美德。孔子说过："其身正，不令则行；其身不正，虽令不从。"唐代教育家韩愈则进一步提出教师应"以身立教"，认为这样的教师才会"其身立而其教存"。现代教育家陶行知先生就倡导"教师应当以身作则"，"以教人者教己"。

为人师表首先应表现在教师义务方面。教师必须遵纪守法，依法执教，遵循和贯彻党和国家的教育方针，认真完成教育教学任务。一、表现在行为方面，要处处严于律己，做学生的表率。二、表现在教师的品德方面，在思想境界、道德情操方面，教师要成为学生的楷模。三、表现在教师的风度方面，要语言文明、举止端庄、礼貌待人、仪容整洁大方。

5. 严谨治学

学而不厌、严谨治学是我国教师的美德。孔子说过："抑为学之不厌，诲人不倦，则可谓云而已矣。"其学生子贡解释他的话是："学不厌，智也；教不倦，仁也。仁且智，夫子即圣矣。"意思是说，孔子的"学不厌"、"教不倦"，体现了教师仁与智两种至高无上的品德。高职院校的教师同样需要这种治学风格。

6. 团结协作

培养年轻一代的任务不可能由个别教师独立完成，而需要许多教师互相配合，共同完成。没有教师之间的交流与切磋，相互支持与合作，就不会取得好的教育成绩。高职院校的教师同样要相互尊重与信任，努力处理好上下级关系、领导与群众的关系。

（二）人文素质

什么是人文素质？有的学者认为，一般把能被证实（包括自然和社会的）的知识称作科学，而把不一定能被证实的思想文化叫作人文。人文素质一般包括两部分，一个是人文知识，另一个是人文精神。有了人文知识不一定有人文精神，人文精神虽构建在人文知识上，也隐含在包含科学知识和科学精神的实践活动当中。人文素质涉及的是人自身如何处理与自然、社会、他人的关系以及人自身的理性、情感、意志等社会属性方面的问题。它通过观念意识、品德情操、心理性格的价值取向和文化修养的外显而展示于个人"。

高职院校教师人文素质的高低，直接关系到他们所培养的学生文化素养。高职院校的教师只有通过大量的人文知识的积累，才能与其自身修养发展相适应。人类优秀的文化传统，通过教育得以继承，通过教师的劳动得以传播。

（三）专业素质

教育质量的高低在很大程度上取决于教师队伍整体和个体的素质。高职教师队伍的素质是显示其专业水平的关键因素。

高职教师的专业素质主要体现为以下几个方面：

1. 与时俱进的教育理念

教育理念是教师在对教育进行理性思考和深刻理解的基础上形成的教育观点和教育信念，有明确的教育理念是衡量教师成熟与否的重要标志。高职院校教师同样应从古今中外丰富的教育思想中不断吸收营养，面向未来，适时调整教育理念的坐标，而与时俱进，至少要具备一些教育理念：（1）平等地对待每一个学生，切实体现教育的公平、公正、民主的原则；（2）关注学生全面和谐发展，使其身体与心理，智力与非智力协调发展，自我意识和社会认识同步增长，学校学习与社会实践相互补充；（3）尊重学生的个体差异和自主发展，让学生充分发挥自己的潜能，实现自己的人生价值；（4）构建学生合理的知识结构，奠定扎实的知识基础。

2. 一专多能的教学能力

对于高职教师来说，由于高职培养目标强调知识的应用型、综合性以及因需而变的适应性，因此高职教师要做到：第一，眼睛要向外，经常跟踪社会需要并及时调整和更新所教知识、开发新课程；第二，能够把系统的学科知识提炼、转化为应用的知识，并根据学生特点进行设计；第三，能够打破理论与实践的壁垒，把两者融为一体。这些，都要求教师有"一专多能"的教育才能。

3. 熟练自如地实践动手能力

实践教学是高职教育的一个重要环节，实践教学也是高职学校的教学目标。因此，高职教师须具备较强的实践动手操作能力，能很好地指导学生的实践，要能够通过自己熟练的操作演示，让学生直观地了解所要学习的技能。

4. 教学与专业所需的科研能力

作为高职教师，由于从事的是高等教育，而且又是高等教育的一项新生事物，对研究的要求十分迫切，研究内容也十分丰富，所以必须勤于研究、善于研究、勇于实践，以科研促教学，实现高职教育的健康良性发展。高职教师的科研能力主要表现在两个方面：一是要有强烈的忧患意识和探究欲望，保持对职业变化的敏感，善于将工作中遇到的问题用科研的方式加以对待，进行系统的理论分析；二是要掌握教育研究和专业研究的基本方法，少走弯路，保证研究的严谨性和准确性。

（四）心理素质

林崇德教授将教师心理素质定义为"教师在教育活动中展现出来的，决定教育教学效果，对学生身心发展有直接而显著影响的心理品质的总和"。高职院校教师心理素质主要应包括以下几个方面：

1. 健康的人格

人格是人的社会性的集中体现，它带有强烈的职业烙印。不同的职业对人格特质和模式的要求有所不同。教师人格是指教师应当具备的优良的情感以及意志结构、合理的心理学结构、稳定的道德意识和个体内在的行为倾向性。高职院校教师的人格首先应该是健康、和谐、全面发展的人格，教师的人格应当高于，也必须高于其他行业的人格模式要求，教师的人格应该成为全社会的表率。教师的人格对社会的影响具有辅助作用。教师通过学生、家长和社会发生密切的联系。教师的人格水准状况会对整个社会的精神文明建设产生巨大的辐射作用。

2. 良好的情感特征

高职教师的情感特征对学生具有潜移默化的影响。一般来说，高职教师的情感特征主要有四个方面的表现：（1）真诚。一方面高职教师要真诚地对待每一个学生，以信任、友谊的态度成为学生的知心朋友；另一方面，教师一旦犯了错误，要勇于面对学生，诚恳地承认错误，并迅速改正。（2）乐观。教师面对挑战和挫折，不但自己要有乐观的态度，而且还要以自己的信心，克服困难的勇气，乐观的情绪和坚强的意志去感染学生，增强学生克服困难的勇气，（3）进取。高职教师必须以对人生目标不懈的追求，对教育教学工作不懈的探求和创新的进取精神去影响每一个学生，激发学生的求知欲和探索创新精神。（4）宽容。作为教师，既要严格要求学生，又不能过多地责怪学生，要以宽阔的胸怀宽容学生，宽容但不放纵。

3. 坚强的意志品质和较强的心理承受力

教师除做好自己的业务工作外，还要协调好与学校、社会、家庭和学生几方面的关系，可能经常遇到许多的挫折和刺激，所以必须有随时承受挫折的心理准备，有坚强的意志品质，在困难面前不能低头，并要以自己的行为感染学生，锻炼学生坚强的意志品质。

4. 浓厚的职业兴趣

作为高职院校的老师，首先要对自己的职业产生浓厚的兴趣。只有对职业教育事业的无限热爱，对学生的无限挚爱，才能做好教育教学工作。教师的职业兴趣是推动教师孜孜不倦地进行教育教学探索、调动工作积极性的动力。高职教师要增强责任感，用科学的态度指导学生，密切与学生的交往，热爱学生。只有学生的智力潜力得到充分的发挥，并使之处于最活跃的状态，才是高职教师的职业兴趣所在。

第二节　高等职业教育师资队伍建设的现状及基本要求

一、我国高职院校师资队伍的现状

教育部《关于加强高职高专师资队伍建设的若干意见》指出：各高职院校要做好师资培养规划，力争用 5 ~ 10 年时间，培养一支教育观念新、改革意识强、师德高尚、有较高教学水平和较强实践能力、专兼结合的教师队伍。要使师生比达到 14∶1，学历达到大学本科以上水平，并逐步增加硕士和博士学位教师的比例，其比例一般不低于全部教师总数的 30%。高级专业技术职务的比例达到专业教师总数的 30%，具备"双师型"教师数不低于专业课教师总数的 80%。而目前我国高职院校师资队伍情况离这一要求尚有一定的差距，主要表现在如下一些方面：

（一）教师队伍整体素质不高，比例不太合理

表现之一是学历层次偏低，职称结合不合理。2002 年教育部曾对江苏、辽宁、湖南等省的 40 所高职高专院校进行了调研，硕士学位以上教师仅占教师总数的 7.9%，

专科及以下学历的教师还占了3.6%。具有副高以上职称教师比例只有24%，具有正高职称教师人数稀少，专业拔尖人才少，缺乏学科带头人。调查还显示，全国除上海、北京等地外，其他省份高职院校教师的学历和职称结构均不太合理。二是年龄结构不合理。我国高职院校发展较晚，许多高职院校教师多数是20世纪80年代后才发展起来的本科，甚至专科毕业生。虽然精力充沛，但学科带头人偏少，梯队结构不合理，给教学科研带来一定的困难，不利于教师整体队伍素质的提高。三是"理论型"教师多，"双师型"教师偏少。虽然近年来"双师型"教师队伍建设得到重视，比例有所提高，但由于高职院校建校初期的许多教师出自中等学校，虽然教学经验丰富，但缺乏高职教学经验。加上许多年轻教师毕业于学术性的本科院校，虽然理论知识较为扎实，但实践能力偏低。据教育部对辽宁、湖南、四川等省的调查，高职院校教师主要来自高校毕业生，从企业调入极少，"双师型"教师只占专任教师总数的30%左右。

（二）教师队伍的管理体制和运行机制不完善、缺乏特色

目前，高职院校的教师专业技术职务评聘管理上，基本都是套用本科院校的标准，没有高职特色。普通高校教师职务评聘的导向侧重于理论文章和专著，这也许对提高学术水平有帮助，但与对高职院校的教师要有较强实践能力的要求不一致，无法从政策上推动"双师型"教师的壮大。许多具有较强教学能力和实践能力的教师往往因为缺理论文章和专著难以评上高级职称，这严重影响了师资队伍的建设。此外，在考核制度、分配制度、奖惩制度等方面也存在一些不合理的因素。因此，要提高高职院校教师队伍的质量，在体制上必须进行配套改革。

（三）缺乏完整、科学的培养和培训体系

由于高职院校对中、青年骨干教师和学科带头人的培养和培训重视不够，造成当前高职高专骨干教师和学科带头人年龄老化，信息社会化的素质和能力缺乏，影响了高职教育的进一步发展。

（四）师资队伍建设的经费投入严重不足

任何学校的师资培训与培养都离不开经费的支持。目前，高职院校在办学经费上的短缺使其难以抽出必要的资金来支持师资建设，这也是影响高职院校师资队伍建设的一个重要因素。

二、高职院校师资队伍建设的基本要求

作为高职院校的教师，一方面必须与其他普通高校教师一样具有较高的政策理论水平和良好的师德、丰富的教学经验和教学方法、宽厚的理论基础和广泛的知识层面等，另一方面又必须有高职院校教师一些特有的要求。

（一）高职院校教师必须具有合理的知识结构

随着知识经济时代的到来，高职教师必须不断扩大自己的知识面，学习新知识和新技术，形成基础文化知识宽广。专业知识扎实又具备一定相关知识的"T"型知识结构，从而适应市场经济发展对人才的要求。这种知识结构包括三方面的知识。一是基础文化知识，包括社会科学和自然科学两个方面，基础文化知识要广，越扎实和丰富就越能发挥出他们的潜力。二是专业知识，包括专业理论知识和专业实践知识，专业理论知识又包括两类：一类是教师所教学科的专业知识，如经济学、电子信息等；另一类是从事教育工作所必备的专业知识，如教育学、心理学等。专业实践知识是教师实现从理论传授到实际操作所要掌握的知识，它包括实际操作中的案例分析和经验总结、实验器皿的使用方法、实验操作规程等。三是其他知识，包括教师职业道德规范、教育政策法规、人际关系学等方面的知识。另外，知识经济时代，还要求高职教师掌握计算机操作、网络技术运用、外语交流等方面的知识。

上述三方面的知识并非并列的，其中专业知识是核心层，基础文化知识是基础层，其他知识是外围层。高职院校的教师要构建自己向纵深拓展的、博与专相结合的知识结构，成为一名由过去的单一专业型转变为"博＋专＋新型"的合格高职教师。

（二）高职院校的教师要有较强的动手能力，并熟悉生产、管理、服务第一线的情况

由于高职院校的人才培养要突出其应用型与技术性，因此高职院校的教师除了应具有扎实的理论基础外，还要有较强的运用理论解决实际技术问题的能力，这一点是刚刚走出大学校门的新教师难以做到的。因此，高职院校应采取各种方式和措施，让教师深入地方企业（行业），熟悉工作现场和实践操作规范，掌握相关的操作技能，才能使其满足教学要求。能讲能练，既能承担理论教学，又能进行实践指导。如果变成职业资格上的要求，就是高职院校的教师既要凭借扎实的理论知识，取得相应的教师资格证书，又要具有丰富的实践经验和较强的岗位技能，取得相应的岗位资格证书（如律师、会计师、工程师等），这就是通常所讲的"双师型"教师的特征。

（三）高职院校的教师要热爱职业教育，懂得按高职教育规律和特点进行教学

高职教育在专业设置、课程体系上与普通高等教育存在差别，使得其在具体的教学方法、手段甚至教学目标上与普通高校也有所不同。因此，高职院校的教师除掌握一般的教学方法与手段外，还要在教学教法上注重突出职业特色。在教学工作和实施的一些具体环节上不必向普通高等学校教学模式看齐，而在遵循高职教育规律、教学特点的基础上要敢于创新，走适合技术教育的新路子，大胆探索，促进职业技术教育教学水平的提高与教学改革的发展。

（四）高职院校的教师要加强师德建设，尤其要注重职业道德和"关键能力"的培养

"学高为师，德高为范"是学校教师的共同特点，它要求教师不仅要博学多才，更要具有高尚的品德修养和人格魅力，塑造优秀的师表风范，热爱学生，教书育人，治学严谨，求实创新，严于律己。高职院校的教师除应具备较高师德外，还应根据高职教育特点注重自身的职业道德和"关键能力"的培养。因为高职院校的"双师化"要求，使其不同于学术性教师的一点就是要经常深入企业（行业），带领学生进行实践锻炼。所以在培养学生方面，既要使学生掌握一定的岗位技能，又要培养学生的"关键能力"。"关键能力"这个词是 20 世纪 80 年代企业界首先提出来的，指的是一个人的意志品质、心理承受能力、合作能力、公关能力等非技术性的职业素质。"关键能力"的培养是高职教育的内容之一，反过来也是对高职院校的教师队伍自身的要求。它要求教师在与企业进行合作，带领学生进行实践教育时，自身首先要有吃苦耐劳的职业道德和参与社会活动的组织能力、管理能力、协作共事能力等等，不仅面向学生，自身也要具备面向社会、面向企业的"关键能力"。只有这样，才能真正实现高职教育的"言传身教"，培养出优秀的高职人才。

第三节　"双师型"教师是高等职业教育的必然要求

根据高等职业教育的培养目标，高职院校主要培养生产、建设、管理、服务第一线的技术应用型人才。为实现这一培养目标，必须建立一支与之相适应的"双师型"师资队伍。因高职院校的教师大多来自普通高校，接受的是学科性、工程性的教育，很少经受过实践锻炼，虽然有较为扎实的理论知识，但实际动手能力比较缺乏，使得目前高职院校的"双师型"教师的比例，离高职院校"双师型"的教师须占专职教师 80% 比例的要求还相差较远，因此加强"双师型"教师队伍的建设。是我国高职院校师资队伍建设的一项十分重要而艰巨的任务。

一、"双师型"教师的概念及特点

"双师型"教师概念的提出，是在以往职业教育中重理论、轻实践，重知识的传授，轻能力培养和知识的应用。师资队伍建设和评价上偏重理论水平的情况下，为了强调实践性教学环节的重要性，促使理论教学和实践教学正确定位，有机结合，适应以能力培养为主线的职教理念而提出来的。根据人们对"双师型"教师的理解，其基本内涵有两点：一是认为教师既有教师资格证书，又有专业技术职业资格证书。按照这个

界定,"双师型"教师必须具备这样一些能力,一是教学能力。包括五个方面:(1)具有扎实的专业理论基础;(2)能胜任本专业两门以上课程的教学,并熟悉有关课程的内容;(3)能主编所任课程的教学大纲,参编相关课程的教学大纲;(4)胜任本专业相关的实验、实习、实训、课程设计、毕业设计的组织与指导;(5)能运用现代教学技术进行教学,教学效果好;(6)具有教育教学管理的基本能力。二是教研能力,包括:(1)能承担综合课程开发工作,并编写课程教材;(2)具有较高的学识水平,能撰写质量较高的学术论文;(3)积极探索高职教育的教学规律,进行教育教学改革。三是专业实践能力;包括:(1)具有一定的设计能力、工艺能力和技术开发及技术服务能力;(2)具有中高级技工的生产操作能力;(3)具有胜任专业工作的能力,并有一定的专业实践经验,具有一定的创新能力。

目前,"双师型"教师是我国高职教育界对专任教师普遍提出的基本素质教育要求。从实际情况来看,高职院校必须从社会的生产、建设、管理、服务一线引进或聘任大量的专兼职教师,充实教师队伍,必须按照社会主义市场经济对高职教育的要求,通过培训和在职学习、实际工作锻炼等多种形式,努力提高现有教师队伍的素质。

二、"双师型"教师对培养高等技术应用型人才的意义

近年来,各高职院校根据高职教育人才培养目标的定位,努力培养"双师型"教师,对提高高职教育教学质量、培养合格的人才做出了积极的贡献。可以说,高职院校的"双师型"教师在学校教师队伍中占有十分重要地位,对提高职业教育教学质量具有十分关键的作用。

(一)高职教育的培养目标决定了"双师型"教师的重要地位

高职教育的培养目标是培养适应生产、建设、管理、服务第一线需要的技术应用型专门人才,学生在具有必备的基础理论知识和专门知识的基础上,重点掌握从事本专业领域实际工作的基本能力和基本技能。高职教育的培养目标能否实现,在很大程度上取决于"双师型"教师的数量和质量。

(二)高职教育人才培养模式决定了"双师型"教师的重要地位

高职教育人才培养模式是指人才的知识、能力、素质结构及其实现方式。以适应社会需要为目标,以培养技术应用能力为主线设计学生的知识、能力、素质结构和培养方案,是高职教育的重要特征之一。"双师型"教师在从设计培养方案到实施培养方案的全过程中起着重要的作用。

(三)高职教育教学特征决定了"双师型"教师的重要地位

高职教育教学内容体系是以"应用"为主旨和特征构建的,实践教学在教学计划

中占有较大的比重。要高质量地完成高职教育的教学任务，实现高职教育的目标，就要求教师特别是专业教师必须具有"双师素质"。既要较强的教学能力，又要有较强的专业实践能力；既能从事理论教学，又能从事实践教学。

三、"双师型"教师队伍建设的现状及对策

（一）"双师型"教师队伍建设存在的主要问题

近年来，随着高等职业教育的迅速发展，人们对高职教育本质特征的认识也不断深化，"双师型"教师队伍建设已取得了一定的成效，"双师型"教师人数在不断增加，整体素质也在不断提高。但也还存在不少的问题，具体表现在以下几个方面：

1."双师"教师的概念和界定标准尚未统一，认定工作尚不十分规范

是使用"双师型"教师概念，还是使用"双师素质"教师概念，目前尚未完全统一。包括教育部的文件，两个概念也是混用（见表二）。同时，社会对"双师型"教师在认识上也存在误区。如有人认为，"双证"（即教师资格证、行业技能等级证或职业资格证）即"双师"；有人则认为，"双师"就是"教师＋技师"。最近，有的学者又提出了"双师化"的理论。所谓"双师化"，是指高职院校的学生接受这样一种教育：既要从教师那里获取必要的、够用的理论知识，又要获得工程师所具有的技术应用能力，以适应生产、建设、管理、服务一线的需要。这就要求教师既要注重理论教学，又要注重培养学生的实际应用能力。可以说，"双师型"是就专业教师整体而言的。此外，目前各高职院校在对"双师型"教师的认定过程中，也存在标准和尺度不一致的问题。还有的院校为了达到"双师型"教师规定的比例，随意到企业（行业）去办理一些技术资格证。这些都从一定程度上影响了统计数据的有效性和可比性。

2.教师来源渠道单一，"双师型"教师比例过低

这一问题前面已有谈到，这已成为我国高职院校师资队伍建设中的一个问题。教育部高教司曾于2000年5月对辽宁、四川、陕西、湖南、江苏5省30余所高职院校的教师队伍现状进行抽样调查的结果显示，高职院校教师来源仍以高校毕业生为主。从企业调入的数量很少（见表三）。这就使得相当多的教师缺乏本专业实际工作经历，实践能力、动手能力较弱，难以履行专业实践教学的职责。"双师型"教师比例过低，已成为制约我国高职院校教学质量提高和办学特色形成的重要因素之一。

3.实验实训场所和教师实践机会相对较少

从目前情况来看，科技开发、社会服务的职业教育体系在多数高职院校尚未完全形成，产教结合或产学研结合的教育模式还没有形成一定的规模。部分企业（行业）不愿意接受教师参加顶岗生产实践，加上学校的实验实训场所也有限，使得教师参加实践的场所难以得到保证。此外，由于高校扩招，高职院校的办学规模不断扩大，学

校教学条件设施难以跟上，师资紧缺的问题在高职院校几乎普遍存在，专任教师大多处于超负荷的工作状态，很难有机会抽出较长一段时间到生产第一线锻炼和提高。

高职院校教师待遇较低，对"双师型"教师尚未建立有效的激励机制，难以吸引高素质的技术人才。随着我国政企体制分开，国家逐步减少了对事业单位的财政拨款，加上高职院校已有的基础较薄弱，教学经费短缺，导致教师待遇偏低。

此外，"双师型"教师在专任教师中的骨干地位尚未确定，在职业教育实际工作中的重要作用尚未得到充分发挥。"双师型"教师与非"双师型"教师在待遇上几乎没有差别。来自生产、建设、管理、服务一线的专业技术人员在评定教师系列职称时，不仅没有任何优先权，而且必须同级转评后方能晋升高一级职称，无形中延缓了职称晋升的时间。这无形中挫伤了"双师型"教师的积极性，不利于"双师型"教师的培养和使用。

（二）"双师型"教师队伍建设的基本措施

"双师型"师资队伍建设是高职院校师资队伍建设的主要内容。关于"双师型"师资队伍建设的方法，尚需在实践过程中不断探索，相互借鉴，逐渐补充，臻于完善。笔者认为，当前高职院校的"双师型"师资队伍建设要重点解决以下几个问题。

1. 应进一步明确"双师型"教师的内涵

什么是"双师型"教师，前面已做过分析。教育部在相关的文件中也有界定。如教育部《关于印发高职高专教育教学工作优秀学校评价体系和高职高专教育教学工作合格学校评价体系（征求意见稿）的通知》提出，凡是符合下列条件之一的教师即可以是"双师型"教师：（1）具有两年以上基层生产、建设、管理、服务第一线本专业实际工作经历，能指导本专业的实践教学，且具有讲师以上职称；（2）既有讲师以上教师职称，又有本专业实际工作的中级以上职称；（3）主持或主要参与两项以上应用项目研究，研究成果已被社会企事业单位实际应用，具有良好的经济或社会效益。这应该算是比较权威的解释。界定"双师型"教师，我们应以此为主要依据。

2. 政府应创造有利于"双师型"师资队伍建设的良好环境

高职教育主要为生产、建设、管理、服务第一线培养技术应用型人才，为地方经济建设服务是高职教育的主要办学宗旨。因此，政府应出台相应政策扶持"双师型"教师队伍的建设，一是要给予经费支持，要拨出专款加强高职院校师资队伍建设，尤其是"双师型"教师的培养；二是要选择技术先进、管理领先、具有代表性的企业，建立"双师型"教师培养基地；三是要发挥政府协调职能，加强对"双师型"教师培养工作的宏观指导；四是要开通相关通道，出台鼓励政策，鼓励具有教师系列职称的教师获得与本专业实际工作一致的专业技术职称，鼓励具有工程技术等系列职称的教师获得教师系列职称；五是单独设立职业院校教师职称系列。政府应充分考虑职业教育的特殊性，把"双师型"教师作为职业院校教师职称评聘的一个优先条件。

3.积极加强校内"双师型"教师队伍建设

笔者认为，校内"双师型"队伍的建设可以采用送、下、带、引、聘等方式。所谓"送"，就是要选取、选拔部分教师到重点院校的对口专业进行深造。重点是针对从企业引进的实践应用能力强而理论相对薄弱的教师。所谓"下"，就是让部分教师下到基层企事业单位（包括校内外实验、实训室，实习、实训基地）锻炼。对于没有相关实践经验的教师，尽可能多地安排他们到生产、建设、管理、服务第一线中实习，丰富、提高他们的实际知识和能力。所谓"带"，就是以老带新，以强带弱，对学科带头人进行重点扶持和培养，定期对中青年教师进行实习、实训指导方法的培训。所谓"引"，就是指从生产、建设、管理一线调入管理人员、技术人员担任专业课教学工作。通过引进人才，引进学科带头人，设立教师奖励基金等方式，加大师资培养力度。所谓"聘"，就是指聘请行业专家、企业家担任客座教授，对现场技术、技能水平要求较高的专业性非常强的课程，聘请专家、技术人员进行讲学，并请他们做兼职教师，建立稳定的联系，充分利用社会资源。

4.努力建立稳定的校外兼职教师队伍

"双师型"教师队伍建设的立足点就在于充分利用社会资源。在"大系统教育观"的指导下，本着"不为我有，但为我用"的原则，建立一支稳定的、高素质的校外兼职教师队伍。利用企事业单位那些掌握与所设专业相关的较为先进技术的实际操作能力的专业技术人员，利用他们丰富的实践经验，培养高职院校学生的动手能力，弥补校内教师的不足。所以，建立一支高水平的、稳定的校外兼职教师队伍就成为培养"双师型"教师队伍的关键之一。高水平已引起大家的重视，但对稳定性的重要性还认识不够。

许多院校建立的校外兼职教师队伍与学校的关系都太松散，极不稳定。短期教师严重，基本上是雇佣关系，他们难以和学校形成合力，没有发挥出他们巨大的潜力，不利于学校的管理和提高。因此有必要采取一些措施来建立稳定的校外兼职教师队伍。不妨从这么一些方面努力：

（1）工资化手段。同兼职教师签订长期聘用合同，按月发放津贴，淡化雇佣关系，而不是只在任课期间发给讲课费，使他们也把自己当成学校的一员，荣辱与共。通过经济手段，将其个人利益同学校的发展壮大紧密联系在一起。

（2）进行感情投入。对校外兼职教师不仅要同本校教师同待看待，甚至要高看一眼，厚爱一层。学校在一些相关的决策问题上，首先听取他们的意见，使他们感到价值所在。逢年过节按时问候，生活上的困难帮助解决，事业上遇到挫折予以抚慰。通过感情维系，增强他们的向心力和凝聚力。

（3）因人而异，区别对待。要针对兼职教师的不同情况，采取不同的做法，调动他们的积极性和工作主动性。比如对一些技术权威，微薄的讲课费远不如他们提供技术服务所得。因此，对这些人就不能只靠经济手段去刺激，必须了解他们的具体情况。如精神追求、感情寄托、个性化需要等，然后学校积极创造条件予以满足。只要我们能动之以情、以诚相待，成为他们的知己，他们就会把我们的高等职业教育事业当作大家共同的事业，不用扬鞭奋蹄，主动投入到教学工作中去，从而提高教学质量。

5. 加强"双师型"教师管理，做到使用与培养相结合

（1）建立"双师型"教师定期认定制度，明确"双师型"教师的职责。

（2）建立专业教师定期到生产、建设、管理、服务第一线实践锻炼的制度。结合校外实训基地建设，建立相对稳定的"双师型"教师培养基地，将会收到事半功倍的效果。

（3）建立理论教师与实践教师轮岗制度，推动高等职业教育理论教学与实践教学的一体化。

（4）鼓励教师积极参与科技服务与开发活动。科技服务与开发是高等职业教育的重要组成部分，对一所学校可产生多方位的辐射效应，促使教师向"双师型"发展。开展科技服务与开发，既加强了与生产科研部门的联系与合作，也为教师创造了生产实践和继续提高的机会和条件，帮助他们开阔眼界了解市场需求，从而加快教学内容更新和教学改革。

（5）不断完善学校的建设。高职院校应重视实验室的建设，重视面向社会、面向专业的资质（如勘测、监理）的获得，重视加强与专业有关的管理及生产部门的联系，取得这些部门的支持，以便为教师提供良好的实习实训场所。同时给教师下达与教学有关的生产任务，使教师直接参与生产实践，为教师获得技术职称提供机会和时间。

6. 建立"双师型"教师激励机制，提高其地位和待遇，调动其工作积极性

由于多方面的原因，目前高职院校教师的地位和待遇都不是很高，导致高级人才难以吸引到学校，一些优秀的教师又不安心学校工作，人才外流的现象在许多高职院校都存在。鉴于这些情况，必须建立一种良性的"双师型"教师激励机制。

（1）待遇激励。学校可设立"双师型"教师津贴，逐步提高"双师型"教师的收入水平。

（2）政策激励。学校出台相关政策，在晋职晋级、攻读学位、出国进修培训、申报职称等方面给予优先考虑。在课酬津贴、教师福利等方面向"双师型"教师倾斜。

（3）情感激励。对"双师型"教师不仅要从政治上关怀、工作上关心，而且还要从生活上关照、情感上关注。要通过待遇激励、政策激励与情感激励相结合的激励机制的建立，一方面鼓励"双师型"教师充分发挥作用，另一方面鼓励其他教师奋发努力，争取成为"双师型"教师。

（4）环境激励。教师积极性的高低，不仅受其自身思想觉悟的制约，而且还受周围环境的影响。在一个好的集体中，教师受环境的影响和感染，会变得情种振奋，心

情舒畅，奋发向上。相反，则会使教师情绪低落，目光短浅。因此，学校应给教师创造一个良好的环境，以激励教师积极向上。目前来看，一是要尽可能改善教师的工作条件和生活条件，特别要重视改善学校的实验设备、图书资料、教师工作及生活用房等条件，使教师感到有施展才能的场所；二是学校领导要增强依靠教师办学的民主意识，要广泛听取教师的意见，创造条件让教师参与学校的管理决策，使教师树立强烈的主人翁意识；三是要营造校园学术气氛。学校领导应提倡和鼓励教师在学术领域自由争论，通过不同学术观点、学术思想、学术理论的讨论和切磋，提高教师的学术水平和思考、鉴别、批判的能力。

四、"双师型"教师队伍的管理

建设一支数量达到规定要求，结构合理、素质较高的"双师型"师资队伍，是高职院校师资队伍建设的总体目标。这支队伍建立后，加强对其管理，使其充分发挥作用更是高职院校必须重点考虑的。笔者认为，"双师型"教师队伍的管理必须从制定规划、选拔、健全制度等方面着手。

（一）"双师型"教师队伍建设规划的制定

教师队伍建设规划是教师管理的一项基本工作，是教师队伍建设及管理的主要依据。教师队伍建设规划主要是对教师队伍的专业结构、学历结构、年龄结构、职称结构等提出优化目标，并制定相应措施，确保目标实现的计划。规划的内容应包括四个方面：（1）教师队伍现状的分析；（2）教师队伍建设规划的目标和原则；（3）教师队伍建设的分项指标；（4）实现教师队伍建设规划的具体措施。这里以广东顺德职业技术学院师资队伍建设规划的部分内容作个例子：

师资队伍现状分析。

师资队伍建设目标。

我院的基本目标是：在3～5年内逐步建设一支既具有较高理论水平，又具有较强专业实践能力的敬业爱岗的"双师型"教师队伍。

师资队伍建设具体规划。

在3年内逐步形成由专家、学科带头人和一批中青年骨干教师组合的有专业特色的"双师型"教师队伍。

（二）"双师型"教师的选拔

为了保证高职院校"双师型"教师队伍的连续性和稳定性，需要不断补充教师数量。选拔的方法主要有两个：一是从外校调入，具体对象是具有讲师以上职称，同时具有一定的实践教学经验并获得专业技术资格证的教师。二是从生产、建设、管理、服务第一线部门引进那些具有一定的理论知识，特别是具有丰富实践经验的人员，这是选拔"双师型"教师的一个重要渠道。

（1）从普通高校引进相关专业具有副高以上职称、45 岁以下的中青年专业教师，形成骨干教师队伍。

（2）从公司、企业引进调入既有理论基础，又有专业技术经验的本科以上学历、中级以上职称，40 岁以下的中青年工程技术人员充实教师队伍，成为"双师型"专业教师。

（3）从国内重点大学和海外留学回国人员中，挑选一批具有本科或硕士以上学历，专业对口的人员组成青年教师队伍。

（4）从企业调入的教师和从院校分配的教师在 1 年内完成高等教育学、高等教育心理学等课程的学习，参加高校教师上岗资格的培训和考试，取得相应证书。

（5）没有企业工作经验的教师利用寒暑假到对口企业（行业）实习 2 个月以上，增强实践能力。

（6）40 岁以下青年教师参加在职研究生进修学习。

（7）充分发挥院专业指导委员会和兼职教师的作用，每学年召开两次以上座谈会，不断提高教学水平和改进教学方法。

（三）建立健全"双师型"教师队伍管理制度

1.建立高职院校教师标准制度

要根据高职教育的特点建立能充分体现高职教师特点的高职教师标准制度，包括任职标准和职务晋升标准。在任职标准方面要提出高职教师能力素质要求，在职务晋升标准方面要明确科技开发和技术应用的成果要求。

2.建立高职院校教师"双师型"职务评审制度

目前，高职院校教师职务评审权都在教育行政管理部门，特别是高级职务晋升。在评审条件上仍采用普通高校的学术成果、科研成果和教学效果来衡量高职教师的水平，这种评审将会导致高职院校教师为了职称而热衷于学科学术的研究，不利于高职教育"双师型"教师队伍的建立。因此，有必要组建高职教师高级职务评审组，在成果条件上突出高科技、新技术开发和应用成果的水平。

3.实行操作技能证书制度

高职院校的教师，特别是专业教师除了应具有较强的科技开发和技术应用能力及实际工作经验外，还必须掌握相应的操作技能。应通过参加从事专业技术相关的职业技能训练并进行考核，取得相应的等级证书。这是提高高职教师能力素质和推动"双师型"教师队伍建设的需要。

4.建立高职教师选送国外进修制度

许多国家在"双师型"教师队伍建设上都有许多成功的经验。如德国的高等专科学校（相当我国的高职高专院校）教师的必备资格是，有博士学位；有 5 年以上的工作经历，而且在所教授专业的相应企业岗位上工作至少 3 年以上；有教学经验，有 2 年以上的教学经历，并经过国家的教师资格统一考试。这些国家的经验很值得我国借鉴。因此，选送骨干教师赴国外进修，不仅有助于我国高职教育的发展，而且可以提高教师的教学水平。

5. 建立高职教师培养经费的投入制度

要解决高职教师队伍存在的整体素质不高和教师的来源问题，必须加大对高职教师的培训和培养的力度。主要是对学历和能力的提高、学科带头人和骨干的培养、高职师资培养基地的建设，这些都必须有经费的投入。而目前高职教育经费的解放 ID 党建按刚看过对投入严重不足，在师资队伍建设上的投入更是少之又少。因此，建立高职教育培养经费的投入制度势在必行。

6. 建立高职院校教师的流动制度

从高职教师个体来看，一方面同其他人才一样需要流动实现职业的转换，以求自身的发展；另一方面也应面对职位的变更实行结构优化的现实。而这些流动必须有一整套制度来保证。同时，高职院校要从其他单位吸纳具有丰富实践经验的兼职教师也有许多现实的困难，这些都需要有相应的制度。因此，建立高职院校教师流动制度，不仅是高职教师自身的需要，也是高职教师队伍结构优化的需要。

总之，"双师型"教师队伍建设已成为高职教育界的基本共识，培养和建立一支高素质、有特色、结构合理、实力雄厚的"双师型"教师队伍，更是发展高等职业教育的关键所在。各教育行政主管部门、各高职院校都应将高职院校师资队伍建设作为提高教学质量、培养合格人才、发展我国经济的一件大事抓紧抓好。

第十章　新时代高等职业教育科学发展评价

高等职业教育评价是高等职业教育理论和实践中的重要问题，它影响着高职教育的发展方向、发展模式，反映了国家、社会对高职教育的基本要求和目标期望。随着高职高专院校人才培养水平评估工作的有序推进，高等职业教育评价已引起高职教育界乃至全社会的密切关注。本章讨论了高等职业教育评价的基本理论问题，涉及高等职业教育发展评价的含义、特性、观念、功能、模式等；剖析了高职高专人才培养水平评估指标体系及其内涵，思考了高等职业教育评价体系存在的问题，提出了高等职业教育评价体系改革的几点建议。

第一节　高等职业教育科学发展评价概述

一、高等职业教育科学发展评价的含义

（一）高等职业教育科学发展评价概念

1. 评价

评价是"泛指衡量人物或事物的价值"的活动。评价与价值是分不开的，要了解评价的含义，就得了解价值的含义以及价值与评价的关系。马克思指出："'价值'这个普遍的概念是从人们对待满足他们需要的外界物的关系中产生的"，是"表示物的对人有用或使人愉快等等的属性"。这两句话科学地揭示了价值的基本含义，价值反映着主客体之间的主体对客体需要所产生的一种关系，是客体对主体需要的满足。价值是客体的主体效益，既取决于客体，又取决于主体。评价是主体对于事物价值高低的判断，这种主体性的活动，会随着主体的不同而有所不同。

2. 教育评价

基于上述认识，我们把教育评价界定为：根据一定的目的和标准，对教育工作及其有关因素中的状态与绩效进行描述并在此基础上进行价值判断的活动。这种界定包括以下几个方面。首先，揭示出教育评价必须建立在一定依据和标准之上。这个依据不单是教育的目的，还是各种教育活动的目标、各科教学的目标以及依据目标制定出

的教育评价的指标标准。其次，揭示出的评价对象是"教育工作及其有关因素的状态与绩效"，意在说明评价的对象既包括各种教育工作（教学工作、思想工作、管理工作、人事工作、总务工作等），也包括各种教育活动人员；既包括教育活动发生发展的过程（状态），也包括教育活动的最后效果（绩效）;既可以是对某一工作或某种人员的评价，也可以是多方面的评价。再次，教育评价做出的价值判断，不是随意的、简单的。而是在系统收集评价对象有关资料基础上，运用科学的评价方法和手段对评价对象进行测定和分析，最后形成评价结论的过程。

3.高等职业教育科学发展评价

高等职业教育科学发展评价就是根据高等职业教育的目标和科学发展观的要求，运用科学的方法和手段。对高等职业教育的发展及其效果进行测定，并作出价值判断，为改进高等职业教育服务，促进高等职业教育科学发展的过程。理解这一定义要掌握以下几个基本问题：

第一，高等职业教育科学发展评价的对象。高等职业教育科学发展评价是以高等职业教育活动为对象进行的一种价值判断活动。高职教育活动的内容范围很广泛，有宏观、中观、微观之分。高等职业教育的全领域或涉及高等职业教育宏观决策方面的问题，如高等职业教育目标、制度、模式等，属于宏观方面的高等职业教育活动或涉及高职院校内各方面的工作，如德育活动、理论教学、实践教学等属于中观方面的高等职业教育活动；涉及学生的思想品德、职业技能等，此属于微观方面的高等职业教育活动。

第二，高等职业教育科学发展评价的依据。高职教育科学发展评价是以高职教育目标为基准而进行的价值判断活动，高职教育目标是高职教育评价的标准和依据，此外，高等职业教育科学发展评价必须引入科学发展观的要求，体现科学发展观对教育的引领作用。

第三，高等职业教育科学发展评价的手段。高等职业教育科学发展评价的科学性在很大程度上取决于方法和手段的科学性。对高等职业教育活动进行系统的调查，收集评价信息和资料，运用教育测量和教育统计进行综合分析和判断，把定性评价与定量评价结合起来，把静态评价和动态评价结合起来是高等职业教育科学发展评价的主要科学方法和手段。

第四，高等职业教育科学发展评价的目的。高等职业教育科学发展评价的目的是改进高等职业教育活动，它是为不断完善和改进高等职业教育过程，为提高高等职业教育质量服务的。

（二）高等职业教育科学发展评价的特性

1. 评价标准的社会性

高等职业教育科学发展评价必须建立在一定依据和标准之上，这个标准既是教育目标，也是科学发展观对高职教育的客观要求。这一标准以社会需要为基准而建立，必然要受社会经济、政治及意识形态的制约，并反过来为此服务。高职教育作为一种社会现象，其过程和结果的价值大小、好坏优劣必须受到社会的检验与评判。

2. 评价对象的全面性

高等职业教育科学发展评价的对象包括各种高等职业教育工作，各种高等职业教育活动人员。所以高等职业教育科学发展评价的对象和范围很广泛，既包括高职院校的内部活动，也包括高职院校外部与高职教育有关的活动。

3. 评价过程的系统性

高等职业教育科学发展评价过程包含许多相互关联的环节。这些环节中，又有许多要素或子系统构成具有反馈环的控制系统。各个要素如目标、对象、评价者及手段之间相互制约，构成多种教育活动状态。作为一个复杂的系统，对其进行评价时，要从评价过程的起始、发展到最后结果的各个环节中的各个要素进行动态的整体评价。从而使评价结果与评价对象的实际状态、水平或特征相符，以实现评价的目标。

4. 评价程序的多主体性

教育评价的主体不单是教师、教育领导者和管理者，学生及其家长、其他社会人员都有评价权，均为教育评价的主体。

5. 定量与定性的结合

以测量手段为基础的教育评价，推崇定量的方法，这的确是不可或缺的一个重要方法。但是，随着教育评价活动的开展，人们发现，教育现象是极其复杂的，将之完全量化是不可能的。定性的方法对于客观地把握和描述教育现象是不可缺少的。运用定量方法的目的是客观、准确地对教育活动的优劣得失做出判断，但过分追求量化、片面追求量化，反而与客观、准确的初衷背道而驰，必须运用定量与定性相结合的评价方法与技术。

二、高等职业教育科学发展评价的观念

（一）全程性的评价观念

高职教育科学发展评价具有非常明显的全程性，教育评价各要素具有动态组合和相互作用的过程性特征，有效地把握教育评价的全程性特点与规律，是提高教育评价科学性的重要条件。

这一观念要求教育评价人员必须从确定教育评价目的入手，制定教育评价标准，

搜集教育评价信息。选择教育评价方法，进行价值推理，做出价值判断，根据评价结果修正教育行为。高职教育活动是一个多因素的动态发展过程，评价这样一个多因素的动态发展的教育存在。只有从过程的视角加以审视与判断，教育评价的结果才有可能达到"真"。用发展的眼光进行高职教育评价是教育评价创新的一个重要观念，也是高等职业教育评价务必遵循的准则。

（二）"素质本位"的评价观念

以往在教育教学评价方面存在着重视学习成绩评价，忽视了综合素质评价的倾向。显然，这种评价观念已十分陈旧和片面，它是背离素质教育的基本要求的。高职教育的培养目标是为生产、建设、管理、服务第一线培养具有综合职业能力和全面素质的高级技术应用型人才，高职学生不仅应具备较扎实的专业能力、业务素质，还应具备良好的思想品德素质、职业道德素质、较全面的人文素质以及良好的心理素质和身体素质。高等职业教育科学发展评价忠实于高职教育的培养目标，需树立"素质本位"的评价理念。

（三）学校与社会结合的评价观念

建立校内完善的教育、教学评价，监控目标体系，这对于高职院校提高办学质量无疑是非常重要的。但是仅仅停留在学校的封闭型自我评价的层次上是不够的。高职教育"培养高级技术应用型人才"的目标决定了高职教育必须建立开放型的、学校与社会结合的教育教学评价体系。学校应打开校门，把相关社会机构、企业等用人单位作为教育教学质量评价的主体引进学校，主动寻求社会特别是用人单位对学校的教育教学工作进行评价。

（四）全员的评价观念

人才的培养是一个涉及家庭、学校和社会方方面面的十分复杂的系统工程。就学校的人才培养而言，同样是在一个严密而互相制约的系统的运转之下来完成的。教师是学校人才培养的最基本的主导力量，教学过程是人才培养的最主要环节，但不是全部。以往把教育教学质量的监控评价目标主要集中在教学过程这一环节，将教师作为单纯的评价客体，是不全面的。系统论认为，系统是处在一定相互联系之中的各个组成部分的整体。系统整体功能的优化，既依赖于系统内部各要素本身功能的相对优化，又依赖于系统内部各要素之间相互关系的优化，还依赖于系统内部各要素相关的外部环境要素的优化。学校的教育质量作为一个系统工程，是由学校全体员工的工作质量决定的。学校对人才的培养，必须充分调动学校各个部门、各个环节的积极性，使教书育人、服务育人、环境育人、管理育人等要素的作用互相配合，形成合力。因此，高职院校应该把教育教学质量的监控、评价的视野放得更宽一些，从单纯对教学与教师的监控评价转向对学校全员的监控评价。

（五）静态和动态结合的评价观念

以往的教育教学质量评价侧重于静态评价，这种评价方式是关注评价对象某一阶段的发展状态或水平，而不注重评价结果的连续性和被评价对象的发展性。这种评价结果具有特定时段的横向可比性，但却缺乏被评价对象不同阶段的纵向可比性，无法反映被评价对象的动态趋势。因此，高职院校要提高对教育教学质量的评价水平，就应该探索如何把静态评价和动态评价结合起来，建立发展性评价的模式，使评价工作富有激励机制。

第二节　高等职业教育科学发展评价的功能、原则和模式

一、高等职业教育科学发展评价的功能

（一）鉴定功能

教育评价的鉴定作用是指教育评价认定、判断评价对象合格与否、优劣程度、水平高低等实际价值的功效和能力，它是与教育评价活动同时出现并始终伴随着教育评价存在的。由于教育评价是依据一定的标准进行的，这就决定了对评价对象具有评判优劣、区分等级、排列名次、评选先进、资格审查等鉴定功能。鉴定功能是教育评价的基本功能，其他功能是在科学鉴定的基础上实现的，只有认识对象才能改变对象。"鉴定"首先是"鉴"，即仔细审查评价的对象，然后才是"定"结论。评价者只有通过评价，根据被评价者达到目标的程度，才能对评价对象进行有针对性的正确指导，以促进工作的进步。评价对象也只有通过评价，才能确切地了解自己与评价目标的差距，明确自己的努力方向。

（二）导向功能

教育评价的导向功能是指教育评价本身所具有的引导评价对象朝着理想目标前进的功效和能力，这是由评价标准的方向性决定的。因为在教育评价中，对任何被评价的对象所做的价值判断，都是根据一定的评价目标、评价标准进行的。这些评价的目标、标准、指标及其权重。对被评价对象来说，起着"指挥棒"的作用，为他们的努力指定了方向。被评价对象必须按目标努力才能达到合格的标准，否则就达不到合格标准，从而得不到好的评价结果。通过评价的导向作用，我们可以引导某项教育活动朝着正确方向发展。例如在学校教师职称评定中，多年来存在着重视科研成果、轻视教学的倾向，我们可以用加大教学指标权重的办法来克服这种倾向。随着时代的前进和教育的发展，也必须与时俱进地对教育评价的内容和重点及时加以调整，这既是教育发展

的实际需要，也是发挥教育评价导向功能的客观要求。

（三）激励功能

教育评价的激励功能是指合理有效地运用教育评价，能够激发和维持评价对象的内在动力，调动被评价者的内部潜力，提高其工作的积极性和创造性，从而达到教育管理的目的。评价的激励作用是分等鉴定的必然结果，它也包括对后进单位与个人的督促作用。这是因为在被评价对象比较多的情况下，这种不同的等级会使个人与个人、单位与单位之间进行不自觉地比较。这对被评价对象来说，可以起到积极的刺激和有力的推动作用。因为在一般情况下，被评价对象无论是个人还是单位，都有获得较高评价和实现自身价值的愿望，这是人类普遍存在的一种心理趋向。恰如其分地评价结果能给人以心理上的满足感，从而激励人们不断进取。对于先进的单位和个人来说，评价的结果是对自己过去成绩的肯定与表扬，会对成功的经验起强化作用，使被评价者更加努力、更加主动，以保持或取得更大的成绩；对于落后者来说则是一种有力的鞭策。

要发挥评价的激励作用，应注意对评价对象的目标要求不可过高或过低，这两种情形都不利于积极性的调动，最适宜的目标要求应定在大多数被评价对象经过努力能够达到的程度。此外，要发挥评价的激励作用，必须坚持全程性教育评价的观念和思路，将条件评价、过程评价和结果评价有机结合起来。如评价一位原来各方面表现都比较差，而经努力取得了较大进步的学生的学习成绩时，应特别注意做到 dig 登记但对国家三者的结合，既要看到他当前的学习成绩又要看到他初始的学习基础，还要看到他个人主观努力的过程，应予以较高的评价，这种评价才能真正起到激励作用。

（四）调节功能

教育评价的调节功能是指对评价对象的教育教学或学习等活动进行调节的功效和能力。这种功能表现在两个方面：一是通过评价为被评价者调节目标及进程。例如，通过评价，评价者认为被评价者已达到目标并能达到更高目标时，就会将目标调高，将进程相对调快；而认为被评价者几乎没有可能达到目标时，就会将目标调低，将进程相对调慢，使之符合被评价者的实际。总之，要让他们在不同水平上朝目标前进，避免发生达到目标者停滞不前、达不到目标者沮丧气馁的情况。二是被评价者通过评价了解自己的得失、成败，明确努力方向及改进措施，以实现自我调节。

在教育管理中经常存在着各种调节活动。教育活动是否已经达到了预期的目标，是否具有达到目标的可能，若目标已经达到且还有达到更高目标的可能，或者达到预期目标的可能性极小，甚至几乎就没有可能，在这种情况下都需要我们对目标进行必要的调整，这些信息的获得依靠的正是教育评价。人们对下一步工作做出计划的主要根据之一就是评价的结果。因此，教育评价是教育管理中一项应该经常进行的活动，以避免我们计划不周或主观判断有误而给工作带来损失。

（五）监督检查功能

社会各界要了解、考察高等职业教育的发展状况，教育行政部门要对高职院校工作进行指导与管理；高职院校本身也要对师生的教育教学活动进行调节与控制；教师要对学生的学习进行监督与帮助，都需要通过一个具有检查监督功能的形式和手段，即教育评价。利用评价这个功能，我们可以全面掌握高等职业教育的各种情况，敏锐地发现问题并及时加以解决，对任务完成的数量和质量进行控制，为提高教育活动的有效性提供科学的依据。

在高等职业教育发展的初期，由于没有科学的评价及相应的机构，我们对高等职业教育进行检查监督方面还存在不少的问题：一是对许多重大的高等职业教育决策和高职教育活动。有计划、有布置但对执行过程却没有进行必要的检查监督与评价，更谈不上根据所得到的反馈信息来调整修正工作过程了。二是没有依据系统的科学标准和要求进行监督检查。验收学校办学质量、检查教师工作、衡量学生的进步，其标准不是过于概括、笼统和抽象化，就是片面、主观和流于形式，整个监控过程不严谨、不规范。因此，对具体的教育工作起不到应有的指导和管理作用。要改变这种状况，就必须逐步建立起一套系统的检查监督程序、科学的评价标准及相应的评价机构。

（六）管理功能

教育评价的管理功能是指教育评价具有使管理活动及评价对象的行为得到调节、控制、规范并使其趋向于教育目标实现的效用和能力。它是通过发布通知、行政命令或颁布法律、法规等进行导向、激励、监督、检查、鉴定的，从而实现调节、控制、规范功能，以此保证教育目标的实现。该功能的发挥是建立在一系列严密操作程序基础之上的，优越于一般的经验性、行政性管理功能。

在实施教育评价时，各种功能总是综合起作用的，不能把它们截然分开。此外，也应注意到各种功能都具有两面性，只有良好的评价，才会产生积极的作用。

二、高等职业教育科学发展评价的原则

高等职业教育科学发展评价的原则是根据高等职业教育科学发展评价的目的，反映教育评价规律，在教育评价实践中总结出来的指导高等职业教育评价工作的基本要求，是衡量高等职业教育评价是否沿着正确轨道前进的标尺。

（一）方向性原则

方向性原则是指在高等职业教育发展评价中必须有一个明确的方向。在我国，就是要依据党和国家的教育政策、法规及高等职业教育的目标、任务来开展工作，引导

高职院校沿着正确的方向，全面提高教育质量与办学水平。贯彻这一原则要注意以下几个问题：

（1）以贯彻教育政策、法规作为高职教育发展评价的出发点和主要依据。

（2）高职发展性评价要与现阶段高等职业教育改革和发展的要求相结合。

（二）客观性原则

客观性原则指在高等职业教育发展评价中，必须具有客观、实事求是的态度。公正、准确地反映高等职业教育活动的各方面情况，不能主观臆断和掺杂个人感情。教育评价是一项科学性很强的工作，评价工作是否客观、实事求是，关系到评价结果是否正确，也关系到评价目的的实现。因此，从某种意义上说，客观性原则是做好教育评价的根本出发点，是做好评价工作的基本保证。

（三）可行性原则

可行性原则是指高等职业教育发展评价必须从国家对高等职业教育的要求以及学校工作的实际情况出发。在设计评价方案、制定指标体系、确定评价标准和实施评价活动各个环节中，都要采取实事求是的态度，使评价工作切实可行，具有综合实践要求的可操作性。

（四）效用性原则

效用性原则是指高等职业教育发展评价必须对高职教育实际存在的问题，充分利用评价的导向、激励功能，促使实际问题的解决。同时，这一原则还要求评价指标体系有较强的信度和效度。

（五）激励性原则

激励性原则指在高等职业教育发展评价中，评价组织者和参评人员要注意最大限度地调动各方面的积极性。不仅要调动被评者参与评价活动的积极性，而且要注意保护和调动被评者在评价活动后进行教育教学改革的积极性，从而发扬优点，改正缺点。

三、高等职业教育科学发展评价的模式

教育评价的模式是相对固定的评价程序，它是在一定的理论指导下对教育评价的基本范围、内容、过程和程序的规定。高等职业教育科学发展评价有三种模式：

（一）泰勒模式

泰勒模式诞生于20世纪30年代，泰勒评价模式与现代学生评价的关系最为密切。这一模式的基本观点集中体现在所谓的"泰勒原理"中。泰勒原理是由两条密切相关的基本原理组成的：一条是评价活动的原理；另一条是课程编制的原理。泰勒评价模式的评价步骤包括以下几个方面：

确定教育方案的目标;

根据行为和内容对每个目标加以定义;

确定应用目标的情景;

确定应用目标情景的途径;

设计取得记录的途径;

决定评定方式;

决定获取代表性样本的方法。

(二)CIPP 模式

CIPP 模式诞生于 20 世纪 60 年代。有人对泰勒评价模式提出疑问:如果评价以目标为中心依据,那么,目标的合理性又根据什么去判断呢? 教育除了活动要达到预期的目标外,还会产生各种非预期的效果,这些非预期的效果要不要进行评价……在西方,有一种教育流派认为,教育乃是个人自我实现的过程,是用统一的目标模式去评价统一个人的自由发展,去评价教育、教学的结果。这从根本上是不可以接受的。因此,他们对泰勒模式更不满意。1966 年斯塔弗比姆首创了 CIPP 评价模式。这是由背景(Context)评价、输入(Input)评价、过程(Process)评价和成果(Product)评价这四种评价组成的一种综合评价模式。

(三)目标自由模式

这种模式诞生于 20 世纪 60 年代,是由美国教育学家和心理学家斯克里文提出来的。其基本思想是评价一种教育现象,应着重考察其实际产生的效用价值而并非原来预期的目标或意图达到的程度。严格来说,目标自由模式不是一种完善的评价模式,它没有完整的评价程序。因此,有人把它仅仅当成一种关于评价的思想原则。斯克里文断定:"对目的的考虑和评价是一个不必要的,而且是有害的步骤。"按他的观点来看,目标评价很容易使评价人受方案制定者所确定的目的的限制。因此,他建议把评价的重点由"方案想干什么"转移到"方案实际干了什么"上来。他认为,评价委托人不应把方案的目的和目标告诉评价人,而应当让评价人全面地收集关于方案实际结果的各种信息,不管这些结果是预期的还是非预期的,也不管这些结果是积极的还是消极的,这样才能使人们对方案做出正确的判断。

参考文献

[1] 徐金寿，吴玲洪.产学合作.互惠互利——职业院校学生实习有效机制的构建与实验 [J].农机化研究，2005(6).

[2] 徐金寿.职业院校学生毕业实习模式的研究与实践 [J].江西农业大学学报（社会科学版），2005(3).

[3] 徐金寿.教师教学质量评价指标体系设计的研究与实验 [J].职业技术教育，2005(2).

[4] 徐金寿.学生实习模式和有效机制的构建与实验 [J].浙江职业技术教育通讯，2006(6).

[5] 徐金寿.教师教学质量督导评价的理论与实践 [J].职业教育研究，2007(2).

[6] 卢之章.生产实习教学法.北京：中国劳动出版社，1995.

[7] 马庆发.当代职业教育新论.上海：上海教育出版社，2002.

[8] 谢杭生.产融结合研究.北京：中国金融出版社，1999.

[9] 孙灿成.学校管理学概论.北京：人民教育出版社，1993.

[10] 刘春生，徐长发.职业教育学.北京：教育科学出版社，2002.

[11] 吕文升，方天培.现代教育学.上海：复旦大学出版社，1993.

[12] 董明传.面向 21 世纪我的教育观（成人教育卷）.广州：广东教育出版社，2003.

[13] 毕淑芝，等.比较成人教育.北京：北京师大出版社，2003.

[14] 谭力文.管理创新 [M].北京：民生与建设出版社，2001.

[15] 汪利兵，等.教育行动研究：意义、制度与方法 [M].杭州：浙江大学出版社，2003.

[16] 高广君，卢亚东，徐眉举，张德庆，周成.质量要素分解——评价法在教学管理工作中的应用 [J].中国高教研究，2001(1).

[17] 鲁洁.超越与创新 [M].北京：人民教育出版社，2001.

[18] 徐方瞿.创新与创造教育 [M].上海：上海教育出版社，1998.

[19] 王铁军.教育现代化论纲 [M].南京：南京师范大学出版社，1995.

[21] 刘新科.国外教育发展史纲 [M].北京：中国社会科学出版社，2002.

[22] 李维 . 心理学百科全书 [M]. 杭州：浙江教育出版社，1995(3).

[23] 罗国杰 . 当代中国职业道德建设 [M]. 北京：企业管理出版社，1994.